DISSERTATION

SUR

LA REFORMATION

DE

L'INSTRUCTION DES PROCÈS CIVILS.

DISSERTATION

SUR

LA RÉFORMATION

DE

L'INSTRUCTION DES PROCÈS CIVILS;

SUIVIE

D'Observations sur quelques points de la Jurisprudence Française;

Et ARTICLES projetés en forme de loi pour cette réformation.

PAR J. J. D.

A PARIS,

Chez ROYEZ, Libraire, rue du Pont de Lodi, N° 345.

DE L'IMPRIMERIE DE MARCHANT.

Messidor AN X

AVANT-PROPOS.

Une longue expérience avoit fait appercevoir à l'Auteur de cette Dissertation, les abus qui résultoient des formalités prescrites par l'Ordonnance de 1667.

Il avoit projeté les moyens d'y obvier.

Mais, 1°. la Magistrature devoit soutenir les principales colonnes de l'édifice qu'il proposoit d'édifier, et la Magistrature qui existoit alors, sur-tout celle qui composoit les grands Parlemens, trop occupée d'autres objets, ne pouvoit pas être facilement réduite à prendre ce soin; 2°. il falloit opérer une régénération totale; et, pour cet effet, changer toutes les habitudes, froisser les intérêts de nombre de coopérateurs, etc.; il falloit même en supprimer. De telles réformations étoient au moins embarrassantes.

Le projet resta sans suite.

Un nouvel ordre a succédé; des citoyens ont été appelés, par choix, à remplir les fonctions de la Magistrature, sans fournir de finance; loin de là, le Gouvernement les récompense de leurs travaux.

Des Avoués ont été nommés pour solliciter les décisions de la Justice, et ils n'ont été soumis qu'à un modique cautionnement.

Jamais circonstances plus propices pour opérer la réforme.

Une commission a été nommée pour y travailler.

Si cette réformation n'est pas complètement opérée, elle sera manquée sans retour.

Elle doit exciter la sollicitude des chefs préposés par le Gouvernement, et animer le zèle des citoyens qui ont acquis quelques connoissances sur les moyens de l'effectuer.

L'Auteur, présumant que son projet pouvoit contribuer à atteindre ce but dans quelques chefs, a retouché son plan, pour le réduire aux points qui restent à réformer, après tous ceux qui l'ont déjà été par les changemens importans qui se sont opérés.

Ce plan pourra trouver des désapprobateurs.

Il détruit les anciennes habitudes.

Il impose des tâches que l'on prétendra pénibles, difficiles même pour les Magistrats.

Il soumet les coopérateurs à des moyens coercitifs, inusités jusqu'à ce jour.

Mais ces habitudes étoient vicieuses, il falloit les changer.

Point de tâches difficiles; le Juge instruit, qui ne désire que la restauration de l'ordre judieiaire, ne trouvera rien au dessus de ses forces, et y emploîra avec plaisir ses momens : on peut même assurer qu'il y en mettra moins. L'Auteur parle d'après l'expérience.

Les Avoués honnêtes seront flattés de la simplicité et de la précision des nouvelles méthodes d'instruction; et l'exactitude qu'elles leur prescriront ne les fatiguera point, dès qu'ils y trouveront un avantage personnel.

Sans moyens coercitifs, la loi tombe en désuétude, l'arbitraire règne; point d'ensemble, si on n'affecte pas l'intérêt de ceux qui doivent le former; et, sans ensemble, l'administration de la Justice est à chaque pas entravée: il faut donc en assurer la marche par tous les moyens.

DISSERTATION

SUR

LA RÉFORMATION

DE

L'INSTRUCTION CIVILE.

LES anciennes Lois sur l'Instruction criminelle sont rentrées dans le néant où elles auroient dû rester ensevelies. La réforme qu'elles ont éprouvée a surpassé les désirs que nous nous étions permis de manifester.

Mais la Loi sur l'Instruction civile existe encore.

Nous allons proposer quelques moyens principaux pour en corriger les défectuosités. Leur réunion formoit un hydre qui faisoit redouter, avec raison, l'approche des tribunaux.

Pour l'arrêter, de nouvelles Lois avoient interdit, en quelque sorte, toute instruction par écrit ; mais il en résultoit des inconvéniens sans nombre. Les faits n'étoient point éclaircis ; les titres n'étoient pas connus de ceux à qui on les opposoit ; les tribunaux ne pouvoient pas statuer sans avoir ordonné des communications de pièces

A

au greffe; la Justice souffroit au moins des retards préjudiciables.

La nécessité de l'instruction a été reconnue, puisqu'une loi a ordonné provisoirement l'exécution de l'Ordonnance de 1657.

Mais on ne sauroit trop s'empresser de prescrire d'autres règles.

Nous osons proposer une méthode que nous croyons propre à opérer, sous plusieurs rapports, une amélioration dans l'administration de la Justice.

Nous soumettons ce projet à des Gens de Loi, qui connoissent le dédale que présente l'Ordonnance de 1667. Nous invitons ceux qui en ignorent les routes, à ne pas s'exposer à l'ennui de nous y suivre.

Cette dissertation sera divisée en trois parties.

Dans la première, nous donnerons une idée générale des abus que favorisoit l'Ordonnance de 1667.

Dans la seconde, nous parlerons des qualités que doivent avoir les officiers chargés de rendre la justice, et ceux qui en préparent les voies.

Nous exposerons, dans la troisième, les moyens généraux que nous croyons propres pour faire cesser les abus.

PREMIÈRE PARTIE.

§. Ier. *Idée générale des abus que l'Ordonnance de 1667 favorisoit.*

Il est à propos de retracer ces abus, et leurs causes, pour faire appercevoir l'utilité des moyens que nous proposons.

Il faut faire connoître le mal, pour justifier le remède que l'on conseille d'y apporter.

Les officiers qui étoient employés à préparer les voies de la Justice, et les Magistrats chargés de la rendre, exerçoient tous leurs fonctions avec trop de liberté et d'indépendance, sur-tout dans les grands Tribunaux.

1°. Les actes de procédure, que faisoient les premiers, n'étoient pas assez connus, assez examinés. Ils donnoient à leurs écrits les extensions qu'ils jugeoient à propos ; ils n'étoient soumis à aucune censure.

2°. L'exercice des fonctions de Magistrat, dépendoit entièrement de leur volonté. La plupart ne considéroient leurs offices, que comme un titre purement honorifique, qui ne leur imposoit aucune obligation.

A 2

Telle étoit l'origine des abus. On va les développer en analysant les fonctions des divers coopérateurs.

§. II. *Des procureurs.*

Les Procureurs étoient, en quelque sorte, les maîtres de multiplier , soit les actes , soit les volumes des procédures.

Quelques uns usoient trop de cette liberté ; disons mieux , plusieurs y étoient forcés par le besoin.

Sur la première assertion. Les pièces de l'instruction étoient uniquement entre leurs mains.

Dans les causes, elles n'étoient vues que par les Avocats chargés de plaider.

Dans les instances , elles passoient dans les mains des Secrétaires, qui seuls les examinoient. Les Rapporteurs en prenoient peu la peine. Il y a plus, en eussent-ils eu la volonté, il leur auroit été impossible de parcourir dans l'année, les pièces de deux à trois procès considérables, à cause des volumes dont l'instruction étoit chargée.

Ils ne pouvoient donc pas les censurer; et personne ne pouvoit les remplacer dans cette importante fonction.

Les Avocats qui étoient souvent du choix des Procureurs, étoient obligés de déplorer l'abus en silence.

Les Secrétaires recevoient des Procureurs leurs émolumens, qui étoient souvent arbitrés en proportion des volumes qu'ils étoient obligés de parcourir pour former l'extrait : l'abus leur étoit utile.

Les Greffiers étoient dans le même cas ; la multiplicité des écrits augmentoit le volume du vu des jugemens ou arrêts.

Lors de la taxe, si le montant auquel s'élevoient quelques actes, souffroit une réduction, elle étoit rarement complète.

Sur la seconde assertion. On peut imputer l'extension que l'on donnoit aux procédures à la mauvaise constitution judiciaire.

Le nombre des Officiers de Justice étoit trop considérable, et spécialement celui des Procureurs.

Plus il y en avoit, plus les procès et les procédures étoient multipliés.

Tous n'étoient pas également occupés ; la confiance ne peut pas se répartir également.

Le besoin d'avoir des affaires pour obtenir des émolumens, obligeoit plusieurs à ne pas être difficiles sur le choix des causes dont ils se chargeoient.

S'ils n'en avoient pas un certain nombre, ils y suppléoient par les volumes de l'Instruction.

On a eu l'aveu de quelques uns, que s'ils

A 3

eussent renvoyé les plaideurs, dont les causes étoient insoutenables, ils auroient souvent couru le risque d'être inoccupés, et sans moyens d'existence.

Ajoutons que des tarifs très-anciens, servoient de base à la fixation des salaires, au moins dans la moitié de la République ; et les émolumens étoient moindres de moitié que ceux qui avoient été accordés lors de la promulgation de ces tarifs, à cause du doublement du prix des choses nécessaires à la vie.

Cependant il falloit que ces Officiers pussent vivre de leur état.

Ceux qui réunissoient les talens à la probité, sollicitoient en vain la répression de ces abus que la Justice sembloit autoriser loin de les réprimer.

Pour les faire cesser, il est est d'une sage législation, 1º. de fixer l'instruction des procès sur une base telle que, d'une part, elle soit circonscrite dans des bornes qui ne puissent pas être franchies, et que, d'autre part, les Juges aient graduellement, et puissent prendre connoissance à volonté de toutes les pièces des procès, X.P. 8. §. 1, 3, 4, et 6 de la troisième partie; 2º. de réduire au plus petit nombre celui des Avoués A.P. 1. 17. 19. 32. substitués aux Procureurs; 3º. de leur accorder des 38. 40. émolumens qui leur procurent une existence honnête. Les règlemens ne seront pas enfreints, §. 3 et 7 de la troisième partie. *P. 19. 46.*

§. III. *Des Avocats.*

Les Avocats qui coopéroient aux fonctions judiciaires avoient essentiellement l'honneur pour guide.

Mais on avoit soumis la fixation d'une partie de leurs honoraires à l'étendue des écrits qu'ils composoient, à la quantité des rôles.

L'honneur ne peut pas toujours tenir lieu du paiement d'une rétribution qui doit être proportionnée au travail.

Ils étoient donc forcés de se soumettre à l'usage prescrit, et de composer des volumes pour obtenir un honoraire équivalent.

C'est ainsi qu'ils participoient à l'extension et aux abus.

Les Hommes de Loi qui se consacreront à la défense de leurs concitoyens, doivent avoir la faculté de fixer leurs honoraires, sans être obligés de les proportionner, ni au temps pendant lequel ils auront plaidé, ni à la longueur de leurs écrits, ainsi que nous l'expliquerons §. 3, troisième partie. *P. 19.*

§. IV. *Des Magistrats.*

La vénalité des charges de la Magistrature

donnoit à toutes personnes fortunées, la faculté d'aspirer aux fonctions augustes de l'administration de la Justice; l'entrée de ce sanctuaire étoit trop facile.

Ceux qui avoient fait une étude approfondie des Lois, s'acquittoient dignement de ces fonctions; mais tous n'étoient pas également instruits.

On a vu dans des Tribunaux, des Juges qui, après avoir exercé, pendant plusieurs années, des états étrangers à l'ordre judiciaire, prenoient précipitamment des grades, et étoient admis à remplir une place de Magistrature.

Quel travail, quelles décisions, pouvoit attendre d'eux la Justice, au moins pendant plusieurs années ?

Dépourvus de connoissances suffisantes, ils étoient arrêtés lorsqu'il falloit agir, l'amour-propre les forçoit à l'inaction, pour cacher leur insuffisance.

Ignorant les devoirs des Officiers subalternes, ils ne pouvoient pas les y rappeler lorsqu'ils s'en écartoient.

Dans des Parlemens, des citoyens se faisoient recevoir momentanément magistrats pour parvenir à des places plus élevées, et, pendant leur magistrature, à peine en avoient-ils rempli quelques fonctions. Ils considéroient leurs charges comme une propriété qui donnoit un rang, sans être tenus de faire aucun service.

Plusieurs étoient recommandables par leur science, leur intégrité, et leur amour pour la Justice, à laquelle ils donnoient tous leurs instans; mais ils ne pouvoient acquitter que leur tribut personnel.

Il est indispensablement nécessaire que, dans le nouvel ordre, les citoyens promus à la Judicature aient des connoissances suffisantes pour en exercer les fonctions; qu'ils aient rempli le précepte du sage, *erudimini vos qui judicatis terram*, principalement sur les formes de la procédure, pour la censurer au besoin; cette partie d'administration ne sera point considérée comme inférieure à leurs fonctions; instruits, ils en appercevront toute l'importance.

§. V. *Des abus que favorisoit l'Ordonnance de 1667.*

Les abus consistoient :

1º. Dans les volumes des écrits.

2º. Dans la multiplicité des actes de procédure.

3º. Dans les coopérateurs que les Juges s'étoient donnés.

4º. Dans la multitude des jugemens.

Premier abus. On voyoit journellement des

écritures faites par des Avocats, qui contenoient de deux cents jusqu'à mille et douze cents rôles, en grand papier.

Des requêtes qui, sous une version différente, ne présentoient qu'une répétition des moyens employés dans les écritures.

Ces divers écrits étoient souvent répétés dans une même affaire.

Ils étoient accompagnés d'un inventaire de production, pièce plus volumineuse encore, dans laquelle étoit répété tout ce qui avoit été écrit dans l'instance, jusqu'à la teneur même des titres produits.

Deuxième abus. Les règlemens prescrivoient le nombre des actes qui pouvoient être faits pour interpeller, constituer en demeure, et forclore; la plupart étoient inutiles, et cependant ce nombre étoit souvent excédé.

Troisième abus. On les avoit aggravés dans plusieurs Tribunaux, en y ajoutant celui des secrétaires *Extrayeurs*, pour obvier à l'impossibilité dans laquelle on réduisoit le Magistrat d'examiner lui-même cette foule d'écrits.

Ces Secrétaires ne prenoient pas quelquefois la peine de parcourir tous ces volumes, propres à lasser la patience la plus exercée, et dans lesquels les moyens étoient enfouis. Combien n'en a-t-il pas été omis? combien de titres passés sous silence? combien de bévues en tous genres?

Quatrième abus. Il consistoit dans les jugemens et arrêts par défaut faute de plaider. Dans toutes les affaires on en faisoit rendre un ou deux. Le premier étoit obtenu par celui qui avoit introduit l'instance, et le second par celui qui étoit assigné. Un tribunal saisi de six cents causes, rendoit ainsi au moins neuf cents arrêts, qui non seulement consommoient le temps précieux des audiences , mais encore aggravoit cruellement le sort des plaideurs.

Et les Avocats y prêtoient leur ministère !

Et les Juges y sacrifioient leurs momens !

Oui ; il étoit de style dans le prononcé des arrêts , *que les parties étoient reçues respectivement opposantes aux arrêts rendus par défaut.*

Des voies de procéder aussi viciées, doivent être proscrites à jamais ; elles subsistoient depuis plus d'un siècle ; on ne cessoit de se récrier, et on s'étoit borné à les ridiculiser au théâtre.

L'ordre judiciaire doit être établi sur des bases telles , que les procès puissent être jugés par les Magistrats, en parfaite connoissance de cause, même sans le concours des Défenseurs, §. 8, troisième partie.p. 39.

Dès-lors plus de jugemens par défaut, faute de plaider, susceptibles d'oppositions, si ce n'est dans quelques cas particuliers.

SECONDE PARTIE.

QUALITÉS REQUISES DANS LES OFFICIERS CHARGÉS DE RENDRE LA JUSTICE, ET DANS CEUX QUI DOIVENT EN PRÉPARER LES VOIES.

§. I. *Qualités à désirer dans les Juges.*

LE Magistrat doit être spécialement instruit des Lois sur l'instruction des procès; elle est la base sur laquelle portent les décisions de la Justice.

Il est d'autant plus indispensable qu'il ait fait une étude de ces Lois, qu'il doit en surveiller l'exécution; sans ce, on ne sauroit se flatter de voir tarir la source des abus.

Les fonctions du Magistrat peuvent être comparées à celles d'un officier militaire. Celui - ci doit non seulement connoître les lois relatives à son état, mais encore veiller à ce qu'elles soient strictement observées par ceux qui sont sous ses ordres; s'il ne prend pas ce soin, les infractions se multiplient, l'indicipline règne, et entraîne après elle tous les maux que produisent l'anarchie et le désordre.

§. II. *Qualités requises dans les Avoués et leurs Substituts.*

Il est de l'intérêt de la société , comme du bien de l'administration de la justice, de ne recevoir à l'exercice de l'état d'Avoué , que des citoyens d'une probité connue.

On exigera qu'ils aient acquis les connoissances nécessaires par un travail non interrompu pendant plusieurs années au Palais.

Leur nombre doit être circonscrit autant qu'il sera possible.

Il est un moyen avantageux de suppléer à leur nombre , en les autorisant à avoir des substituts , par lesquels ils pourront se faire représenter , et se faire remplacer aux audiences et dans leurs autres fonctions.

Dans l'ordre actuel , où les Tribunaux sont divisés par sections qui donnent en même temps audience , cette faculté , aux avoués, d'avoir des substitus est de nécessité.

On s'expliquera plus particulièrement sur ces propositions, titre 8 , troisième partie ci-après. P. 45.

§. III. *Des Défenseurs officieux.*

Dans la suppression de toutes les corporations , a nécessairement été compris l'ordre des Avocats, quoiqu'il n'en formât pas une.

Mais n'est - il pas de l'intérêt public d'encou-
rager des citoyens à se livrer exclusivement à
l'etude des lois ?

Des cliens dont les Avoués ne seroient pas
doués des facultés nécessaires pour faire valoir
leurs droits, ou qui en seroient empêchés pour
cause de santé ou toutes autres, ne doivent - ils
pas avoir la faculté de se faire remplacer dans
les plaidoiries ?

On croit qu'il suffit de l'exposer pour déterminer à l'affirmative.

Cette classe de citoyen fournira des professeurs
aux écoles du droit ; ce sera dans leur sein que se
formeront des Juges, etc.

Mais il est de la décence des Tribunaux et du
bon ordre, qu'un citoyen ne puisse être admis à
exercer l'état de Défenseur, qu'après s'être présenté
et s'être fait inscrire, et après avoir fait la promesse de se conformer aux réglemens qui seront
prescrits.

TROISIÈME PARTIE.

NOUVELLE MÉTHODE PROPOSÉE POUR L'INSTRUC-TION DES PROCÈS.

C'EST dans ses bases que l'instruction étoit viciée, ainsi que nous l'avons démontré.

Il faut donc la reprendre dans ses fondemens, si on veut la restaurer avec solidité, et en extirper les abus.

Voici les nouvelles bases que nous croyons propres à les éloigner sans retour.

1°. Fixer des régles qui obligent à restreindre les écrits de l'instruction à la seule discussion du fait. §. Ier. ci - après.

2°. Supprimer la forme des rôles.

3°. Interdire tous les actes de procédure su-perflus.

4°. Obliger les Avoués à faire état , au bas de chaque acte, des frais et émolumens auxquels il donnera lieu.

5°. Établir la tenue au greffe d'un registre dans lequel toutes les causes et instances seront ins-crites. §. II ci - après.𝒯. 18

6º. Soumettre l'instruction à un Juge qui la règlera.

7º. Ordonner qu'il sera formé au greffe un troisième cahier ou dossier de chaque cause, pour être à la disposition de ce Juge, commissaire instructeur.

8º. Déterminer que le fait, tel qu'il sera établi par l'instruction, sera par lui rapporté à l'audience lors de la plaidoirie, qui sera restreinte en ce qui concerne les Défenseurs et les Avoués à la discussion des moyens de droit.

9º. Exiger de la part des Avoués, une constante assiduité aux audiences où ils auront des causes; à cet effet, les autoriser à s'adjoindre des substituts pour s'y faire représenter.

10º. Commettre un Juge pour inspecter les greffes, et y maintenir l'exactitude et la régularité.

11º. Prescrire la tenue d'une audience générale à la fin des sessions annuelles pour vérifier 1º. les causes jugées, 2º. Celles terminées par arrangement entre les parties; 3º. celles suspendues par le décès d'une des parties, etc.; pour les supprimer, et pour former un tableau de celles à juger à la rentrée du Tribunal.

12º. Obliger par des moyens coercitifs pécuniaires les divers coopérateurs, à l'exécution de la loi sur l'Instruction.

Telles

Telles sont les bases proposées. On va les développer.

§. Iᵉʳ. *Forme de rédaction des écrits pour l'instruction des procès.*

Ils seront rédigés par ordre et par faits. Le Demandeur articulera distinctement et séparément les faits sur lesquels il fera porter sa demande; il les cotera par nombre. (Projet de loi, Tit. Iᵉʳ.). *p. 70.*

Le Défendeur sera tenu de s'expliquer catégoriquement dans ses défenses, par aveu ou désaveu, sur chaque fait, en suivant le même ordre, sans se livrer à aucune digression. (Tit. 14). *p. 89*

S'il avoit à opposer des faits contraires pour sa libération, il les expliquera également par ordre.

Le Demandeur, dans sa réplique, sera tenu de suivre la même méthode. (Tit. 14). *p. 89*

Il sera défendu de se livrer à des raisonnemens, et à des transcriptions de lois.

Chaque partie ne pourra donner que trois écrits au plus, en forme de pétitions, pour éclaircir le point de fait, sauf le cas de production de pièces nouvellement recouvrées.

La discussion des moyens de droit aura lieu à l'audience.

En fixant ainsi la marche de l'instruction, elle sera simple, claire, et précise.

B

Les raisonnemens inconséquens, les trivialités, disparoîtront, et sur-tout les propos et les injures, contre lesquels les Tribunaux étoient souvent obligés de sévir.

Nous donnerons à la fin de cette dissertation, quelques exemples de cette méthode d'instruction. *P. 54.*

§. II. *Du registre, ou journal des causes, et du cahier qui sera formé au greffe; des actes de procédure d'une même affaire.*

Il sera fait, par les Avoués, trois exemplaires de chaque acte de procédure; le premier, pour être retenu par celui qui le produira; le second, pour être signifié à l'Avoué de l'adversaire, et le troisième, au greffe. (Projet de loi, Tit. 3)*P. 71.*

Le Commissaire-instructeur prendra communication, quand bon lui semblera, du cahier ou dossier qui sera formé par ce troisième exemplaire, pour faire le rapport du fait, lors de la plaidoirie; les Défenseurs ne seront point privés de leurs pièces.

Si l'une des parties égare les siennes, elle pourra facilement en recouvrer un exemplaire.

Après la décision, celui qui aura gain de cause aura le droit de retirer le cahier, et s'il y a appel du jugement, il pourra le faire parvenir au Tribunal de deuxième instance.

La facilité se trouve ainsi réunie à des avantages réels.

Nous renvoyons à développer les fonctions des
Juges - Commissaires - Instructeurs , ci - après
P. 38 §. VI... Il est à propos de tracer, avant, les autres
bases de l'instruction , afin que l'on apperçoive
mieux l'importance du ministère qu'ils rempli-
ront.

§. I I I. *Des salaires et émolumens des Procédures.*

Il est de la sagesse des législateurs de pourvoir , par un tarif, à la fixation des droits qui seront payés pour les divers actes , dans une proportion telle , que ceux à qui ils seront attribués
y trouvent les moyens d'une existence honnête
et relative aux dépenses que nécessitent les lieux
dans lesquels ils résident (Projet de loi, Tit. 25) P. 102.
Ce tarif doit leur être d'autant plus favorable ,
que, par l'effet du plan que nous proposons , la
moitié des actes de procédure seront supprimés ,
indépendamment de la réduction sur quelques
autres , au moyen de quoi les Avoués seront privés de la moitié au moins des émolumens dont
ils jouissent actuellement.

Ainsi, nous sommes obligés de le dire, il est
préférable, il est même nécessaire, pour opérer

le bien, que le tarif paroisse plutôt élever ces émolumens à un prix excessif, que de les fixer à un prix
inférieur; on feroit, dans ce dernier cas, une éco-
nomie trompeuse. Si les Avoués sont mis en état de
subvenir à leurs besoins du produit de leur travail, il y aura certitude qu'ils se conformeront
aux nouveaux réglemens, qu'ils seront délicats
le choix des affaires, etsur les moyens d'en ac
célérer l'instruction.

Ajoutons que les dépens sont la peine du téméraire plaideur. Une légère augmentation de cette
peine ne doit former qu'une considération su-
bordonnée, lorsqu'il s'agit d'opérer des changemens qui sont du plus grand intérêt.

Dès qu'on oblige les Avoués à restreindre les
écritures de l'instruction, telles que *les défenses*,
les réponses, *les répliques*, etc., au simple éta-
blissement du fait, il est impossible d'y fixer un
prix à raison de leur étendue, comme il l'étoit
ci-devant à raison des rôles qu'ils formoient. On
pourroit le déterminer sur le nombre des articles
dont le fait seroit composé; mais on courroit le
risque d'être jeté contre un second écueil, après
en avoir évité le premier.

Ainsi on doit laisser aux Gens d'affaires la
faculté de fixer la valeur de leur travail, proportionnellement au temps qu'ils motiveront avoir

employé à préparer et à rédiger les actes d'instruction.

Nous ne cesserons de le répéter, le mal qui résultoit du paiement calqué sur l'étendue et le volume des écrits, (par rôles) doit être extirpé jusque dans sa racine; point de palliatifs. Non seulement il entravoit le cours de la justice, mais il étoit ruineux; il n'avoit d'autres bornes que celles de la cupidité satisfaite.

Eh quoi! on exigeoit, on forçoit même, ainsi que nous l'avons dit, les Défenseurs honnêtes, en soumettant leur paiement au nombre des rôles, à surcharger l'instruction, de volumes superflus, pour atteindre la juste rétribution qui leur étoit due ?

Nous allons rendre cette assertion sensible, en formant deux hypothèses.

Première. Un Homme de Loi ouvre un sac volumineux de titres et de pièces d'une instance par appel : il emploit plusieurs jours à les examiner et à résumer les objets de la contestation, et les moyens qui ont été opposés.

Parvenu à ce point, il apperçoit un moyen irrésistible ; une fin de non recevoir tranche la difficulté.

Il peut l'exposer en dix lignes; mais il faut qu'il soit récompensé de son temps; pour cet effet, il est forcé de composer un écrit de vingt-cinq rôles. Il y a plus, il doit y ajouter dix rôles, afin qu'il soit indemnisé du temps employé à composer cet écrit.

Ainsi, dans le mémoire qu'il rédige, il rend compte du fait de l'instruction de première instance, du jugement dont est appel; il cite un nombre de lois, etc. Où tendent tous ces préliminaires? A faire valoir une fin de non-recevoir, moyen unique, fondé sur une loi formelle, par lequel la cause se décide, et qui paroît surnager à la fin de ce volume, dans lequel le Magistrat a peine à l'appercevoir.

Deuxième hypothèse. Un Défenseur examine une affaire qui présente des questions ardues : il s'en occupe quinze jours, parcourt de nombreux volumes de nos lois, pour vérifier les autorités ; enfin il trouve la solution des questions qui l'occupent.

S'il ne proportionne pas la longueur de son écrit à celle du temps qu'il a employé à l'examiner, et aux recherches; et encore à celui qu'il va mettre à rédiger son écrit, il ne sera pas indemnisé.

Il est donc forcé de faire des rôles; cette forme est prescrite, il ne peut pas se dispenser de l'employer : il compose deux cents rôles.

Et cependant il auroit pu développer les moyens de la cause, en dix à douze lignes.

Telle est l'analyse de l'usage abusif qui étoit sanctionné par tous les Tribunaux.

Il est évident qu'il est préférable de laisser aux Avoués et aux Défenseurs la liberté d'arbitrer leurs salaires et émolumens, en motivant les causes sur lesquelles ils les fixeront, afin qu'on puisse juger si cette fixation est juste ou exorbitante.

Que le premier Homme de Loi, dont on vient de parler, qui auroit examiné une procédure volumineuse de première instance, eût réduit à dix lignes l'explication du moyen de fin-de-non-recevoir, et qu'il eût porté son honoraire à 56 ou 58 francs, savoir 48 francs pour le travail préliminaire, et 8 à 10 francs pour la rédaction de son écrit, réduit à une demi-page, parce que la cause se résumoit à ce point.

Que le Défenseur, dont on a parlé sous la seconde hypothèse, qui a développé par un long travail, une affaire très-compliquée, et qui cependant n'a créé qu'un mince volume de dix à douze feuilles, soit reçu à se taxer 360 fr. pour le travail préparatoire, et la composition de son écrit; qu'il y ajoute même 12 à 15 francs pour avoir revu cet écrit, s'il a pris ce soin.

Quels avantages n'en résultera-t-il pas?

Les Avoués et les Défenseurs ne perdront pas dix et quinze jours à composer des volumes de 400 à 800 rôles, même plus, (on exagère pas ; on en a vu de 2000 rôles) pour obtenir une rétribution proportionnée au temps par eux mis à examiner la procédure, à rechercher les moyens, et sur-tout à compiler ces volumes.

S'il est besoin de répondre à une Instruction, les Conseils ne seront pas obligés de consumer cinq et six jours à lire et à extraire ces compilations fastidieuses, pour élaguer les inutilités, et saisir les objets qui forment la matière de la contestation.

Les causes seront rapidement instruites : dépouillées de ces surcharges, les Juges auront la facilité d'examiner, en peu de temps, les instances les plus considérables.

Diroit-on qu'en laissant aux Avoués et aux Défenseurs la faculté de fixer leurs émolumens, on se livreroit à l'arbitraire ? On ne sauroit avoir cette crainte.

D'abord un tarif règleroit les droits de tous les actes ordinaires et des vacations.

L'arbitraire ne pourroit s'établir que sur les émolumens, à raison de la composition des écritures.

Mais nous proposons d'exiger que les émolumens, les déboursés, et tous autres accessoires, seront désignés séparément, et par le détail, sur chaque acte de procédure, soit au bas de l'original retenu, et soit au bas des copies qui seront signifiées aux parties, et remises au greffe.

Ainsi le Commissaire-instructeur, l'Avoué de l'adversaire, l'adversaire, la Partie elle-même, auront sous leurs yeux le coût de chaque errement, à mesure qu'il sera produit. Que de motifs pour porter celui qui le fixera à être juste et modéré !

Au surplus, s'il ne l'étoit pas, comment pourroit-il échapper à une réduction ?

Si le procès est porté par appel devant le second Tribunal, et successivement à celui de Cassation, les émolumens perçus seront connus, et pourront être critiqués, même censurés.

Quel puissant mobile dans cette publicité, pour que les Défenseurs soient circonspects dans le prix qu'ils fixeront à leurs émolumens !

Il en résultera, au contraire, des avantages et des facilités.

Le plaideur téméraire appercevra, lors de la signification de chaque instruction, la peine qui devra l'atteindre ; il pourra se soustraire à son augmentation, en se faisant lui-même justice.

Le client connoîtra la dette qu'il contracte ; il en pourra suivre la progression pour son propre intérêt ; il n'aura pas la crainte de voir sa fortune altérée par une répétition inattendue de frais d'instance, de 8, 10 à 12,000 francs.

Lors de la taxe pour la liquidation, les observations, pour opérer les réductions, s'il y a lieu, seront préparées ; les erreurs auront été reconnues par avance.

Cette taxe s'opèrera sur une liste simple, et facile à former : il ne sera plus besoin de longs délais après la signification de la déclaration des dépens, tels que ceux qui sont préfinis par l'Ordonnance de 1667, pour en faire l'arrêté; plus de sommations; plus de tiers taxateurs.

Diroit-on que l'on fatiguera la délicatesse des Gens d'affaires ?

Mais l'Avoué honnête ne pourra pas être peiné de faire ,au bas de chaque acte, le rappel de la juste rétribution de son travail et de ses déboursés, dès qu'ils forment une créance légitime ; loin de là ; il sera flatté d'être ainsi mis en état de pouvoir facilement vérifier , à chaque moment, sa situation avec son client.

L'Homme de Loi, dirigé par l'honneur et la probité, *vir probus,* ne se fera point une peine de donner, ou de faire donner par son secrétaire, une déclaration au bas de sa minute, de ce qu'il aura reçu pour son honoraire, lorsqu'il considèrera , d'une part, que le bien de la Justice l'exige; et d'autre part, que l'intérêt de son client le lui prescrit, pour que ce dernier puisse obtenir son remboursement, si les dépens lui sont adjugés en définitif.

L'honnête homme, quelle que soit sa profession, n'hésite pas à mettre ses actions au grand jour. Pourquoi les Gens d'affaires voudroient-ils que la fixation de la rétribution de leurs travaux fût ignorée, dès qu'elle forme une perception autorisée ?

Dans des Parlemens, où l'instruction se faisoit par consultation, il en étoit dont la rétribution s'élevoit jusqu'à quinze pièces d'or, proportionnellement au temps que le Jurisconsulte avoit employé, à l'importance de l'objet, et au mérite de l'ouvrage, sans avoir égard à la brièveté ou à l'étendue ; et ces honoraires entroient en taxe lors de la fixation des dépens.

Pourquoi n'apprécieroit-on pas également, dans tous les tribunaux, les écrits qui seront produits, sans exiger qu'ils soient revêtus d'une forme matérielle, et d'enveloppes hideuses, au travers desquelles l'œil le plus exercé a peine à distinguer les vrais objets ?

Sommes-nous donc réduits à ne savoir évaluer les productions de l'homme de cabinet, que par leur poids et leur volume ?

Redouteroit-on une trop grande rigidité de la part des Juges !

Mais il sera ordonné qu'il ne sera fait des réductions, qu'après avoir pris l'avis d'anciens Défenseurs, et des chefs des Avoués, et sur référé au tribunal.

Dans ces cas, le Magistrat ne sera jamais le Juge le plus rigide.

Mais ne fût-il point fait de réduction sur les émolumens qui seroient ainsi désignés, sur chaque pièce d'instruction, et sur les copies, il est certain qu'ils ne s'élèveront jamais à la moitié de ceux exigés par l'effet de l'art extenseur des rôles.

Les actes inutiles qui étoient relégués dans un *résidu*, pour n'en sortir et ne figurer que dans la déclaration des dépens dont ils doubloient quelquefois le montant, seront au moins proscrits.

Les frais de procédures tendant à faire prononcer la condamnation du montant d'un acte obligatoire, d'un billet, du prix d'un loyer, et autres objets non contestés, seront tariffés à moitié, ou un tiers moins.

L'Avoué se bornant à remplir une formalité aisée, il ne doit pas obtenir le même salaire.

Il est d'ailleurs juste d'alléger le fardeau qui pèse sur le malheureux, déjà assez à plaindre de ne pouvoir pas s'acquitter.

S'il y a contestation, il n'y aura pas lieu à cette réduction.

Des Émolumens pour les redd[i]tions de compte.

Un seul genre de contestation pourroit être susceptible d'écrits, dont le travail seroit payé par rôles, à raison de son étendue ; nous voulons parler des Instances sur reddition de compte, et sur tous genres de comptabilité, pour cause de régie et d'administration de biens. (Projet de loi, Titre 15). p. 90.

Mais il est encore préférable, de ne pas soumettre ce genre d'instruction à cette forme, pour faire disparoître le mot *rôle*, avec l'abus qu'il a produit.

Il sera aisé d'apprécier le temps employé à rédiger un compte, ou à le débattre, s'il étoit porté à un trop haut taux.

Il seroit mieux d'en fixer l'émolument, à raison du nombre des articles, si on vouloit le tarifer.

Mais l'instruction sur ces sortes d'instances, doit être soumise à des procès verbaux d'arrêtés provisoires, qui réduiront considérablement les débats et les autres instructions subséquentes.

Les conférences seront plus multipliées que les écrits.

Dès-lors, ils seront laconiques, et les émolumens seront facilement appréciés.

Prétendroit-on que le fisc perdroit à ces ré-formes, parce qu'il seroit employé une moindre quantité de papier au timbre ?

D'abord, il y aura compensation par le second exemplaire des procédures, qui sera remis ou signifié au greffe, et par les registres des causes.

Et encore, par l'emploi qui sera fait d'une plus grande quantité de papier pour les copies qui seront toutes écrites en petite expédition de notaire ; car il est essentiel de corriger l'abus des copies minutées et illisibles.

Mais, dans la partie administrative de la justice, l'intérêt du fisc ne doit être que secondaire, quand il s'agit de faire cesser des abus ruineux pour les citoyens qui sont obligés de recourir aux voies judiciaires ; c'est leur intérêt qui doit être principalement pris en considération.

Nous avons sous nos yeux une instance, sur reddition de compte d'une régie de biens. Si la méthode d'instruction que nous proposons eût été en vigueur ; sur de justes débats donnés par l'oyant-compte, le rendant n'auroit pas fourni un volume de soutènemens de 957 rôles.

Son compte n'étoit composé que de 55 rôles.

Il auroit bien moins accompagné cet *in-folio* d'une requête, en production de 129 rôles.

Le Commissaire-instructeur, auquel on auroit référé du compte avant tous débats, auroit nécessairement improuvé , lors de son premier procès verbal , une grande partie des articles , tels que ceux - ci , au nombre de huit , répétés à la fin de chaque année de régie : *pour menues dépenses, remises manuelles et omissions*, 1200 liv.

Il auroit assuré le rejet de nombre d'autres , faute d'être justifiées.

Enfin , lors du deuxième procès-verbal d'apurement, il auroit obligé le rendant de se charger d'omissions vérifiées , montant à plus de soixante mille livres.

Les immenses écrits de cette affaire auroient été moindres de moitié, et même de trois quarts ; le jugement n'auroit pas été différé pendant sept années.

Ajoutons que l'auteur de ces écrits n'auroit pas même osé se présenter devant le Magistrat instructeur , (si ce dernier eût dû les parcourir lui-même) , il n'auroit pas pu soutenir ses justes reproches.

De l'Émolument des Plaidoiries.

On n'admettoit en taxe , dans plusieurs tribunaux , qu'une rétribution égale pour toutes les plaidoiries, sans distinction du genre des causes.

Cependant elles exigent une différence. (Projet de loi, Titre 24). art 3. P.104.

Un Homme de loi , forme son plaidoyer dans

une affaire de longue discussion , et qui donne lieu à plusieurs questions ; il y emploie trois jours , et porte la parole pendant une audience.

Ce travail n'étoit admis en taxe que pour six ou douze livres.

Le plaideur, à qui la Loi inflige pour peine de supporter tous les dépens, n'acquitte pas la dixième partie de ceux qu'il a occasionné à son adversaire, en l'obligeant à recourir à un Défenseur ; et si l'objet demandé est modique , il est absorbé par l'excédant de la rétribution due.

Dès qu'elle forme la récompense d'un travail nécessaire pour préparer les voies de la justice , elle doit entrer en taxe pour la totalité de son prix , comme elle devroit être rejettée , si elle n'étoit pas due.

L'usage de plusieurs tribunaux étoit de l'allouer pour sa valeur arbitrée.

Il étoit juste , et il doit être uniformément admis dans les nouveaux.

§. IV. *Abrogation d'Actes de Procédure superflus et insuffisans pour l'instruction, et moyens de les remplacer.*

Les citations seront données pour comparoître devant les tribunaux, à jour fixe, et non à l'audience, pour éviter l'incertitude des jours fériés, et encore de ceux auxquels il ne seroit pas tenu audience. (Projet de loi, Titre 2,). P. 71.

Le

Le demandeur remettra au greffe , dans le délai de quatre jours , compris celui de l'échéance de la citation , la feuille contenant les noms, prénoms, et qualités des parties, pour être inscrites sur le Journal des Causes. (Titre 5)*p.75.*

Il y déposera également copie de la citation. Le cité fera remettre sa présentation dans les quatre jours suivans , c'est-à-dire , les quatre , cinq , six et septième jours , après l'échéance de la citation. (Titre 6). *p.76.*

Faute de ce faire, le demandeur pourra faire lever défaut contre le cité, dès le huitième jour, après l'échéance de la citation. (Titre 7)*p.77.*

Les Commissaires-instructeurs des nouvelles causes seront nommés le neuvième jour.

Et les défauts pourront être jugés le dixième après l'échéance de la citation. (Titre 8)*p.77.*

Le cité ne pourra pas être admis à requérir acte de sa présentation à l'audience, pour ne pas intervertir l'ordre, et ne pas prendre sur les momens destinés à l'expédition des affaires dont la marche ne sera point, au moyen de ce, interrompue.

Le cité pourra encore, le jour et le lendemain , faire enregistrer sa présentation au Greffe ; mais après avoir remboursé les frais préjudiciaux. (Titre 9). *p.78*

Les jugemens par défaut, ne seront, à cet effet, expédiés que vingt-quatre heures après qu'ils auront été rendus.

C

Si les jugemens par défaut ont été expédiés et signifi s, les oppositions seront formées par actes, avec offre de rembourser les frais de contumace; mais ces oppositions seront reçues par ordonnance du commissaire-instructeur, rendue sur pétition, sur le vu de la quittance desdits frais.

C'est la seule voie propre à éviter les incidens et les jugemens, pour parvenir à la réfusion des frais de contumace, dont le montant étoit considérablement augmenté par cette addition de formalités.

Si, de plusieurs cités, les uns se présentent, et les autres font défaut, et si le demandeur ne juge pas à propos d'en requérir provisoirement l'adjudication, il ne sera point prononcé de jonction de ce défaut, sur lequel il sera statué, lors du jugement de la contestation entre toutes les parties. Cette jonction sera de droit.

Si le demandeur croit qu'il est de son intérêt de requérir provisoirement l'adjudication du profit du défaut, il sera tenu de le faire en présence de tous les co-cités qui seront à cet effet appelés à l'audience. (Tit. 9). P. 80.

Dans le cas où ceux-ci déclareroient prendre son fait et cause en main, comme ses garans, acte en sera donné au demandeur, et le profit du défaut restera joint à la plaidoirie de la cause.

Mais le demandeur pourra faire signifier ce jugement au défaillant, avec nouvelle interpellation de se présenter , pour défendre par lui même à la demande avant le jugement définitif à intervéni r ; faute de ce,qu'il en sera déchu, et il sera non recevable à être reçu opposant. (Titre 9, art. 9, 10). *P.81.*

Ce préalable rempli, son opposition ne sera pas en effet reçue. Il pourra néanmoins y avoir lieu à une revision du Jugement, s'il étoit en second et dernier ressort, à la charge de consigner une amende.

Si un co-débiteur, ou un cohéritier est défaillant, le demandeur sera reçu à obtenir jugement par défaut contre lui.

Sur quatre co-débiteurs ou cohéritiers, trois se présentent et contestent.

Condamnés, le quatrième fait revivre l'instance par la voie de l'opposition au jugement, pour en retarder l'exécution.

Il doit être permis de prévenir ces ressources qui prolongent les procès, et multiplient les dépens.

Les interpellations à fournir des défenses , et les défauts faute de défendre, doivent être abrogés comme inutiles et insuffisants. Les Commissaires-instructeurs régleront les délais dans lesquels les défenses, les réponses, et les répliques seront fournies.

Les délais ne peuvent pas être les mêmes pour toutes les causes, les unes simples et sommaires , et les autres d'un grand intérêt et d'une discussion étendue; les unes entre des citoyens résidant dans le lieu où siège le Tribunal, et les autres demeurant à une grande distance.

Le Commissaire-instructeur fixera ces délais, suivant la nature des affaires, après avoir ouï les Avoués.

Mais ces délais ne seront pas moindres de cinq jours, et n'excèderont pas la quinzaine, lorsque la partie habitera dans l'arrondissement de 10 lieues; de dix à vingt jours, lorsqu'elle habitera à 30 lieues; de vingt à trente jours, lorsqu'elle habitera à 50 lieues; et d'un jour par 10 lieues, en sus, de vingt à trente jours, lorsque son domicile sera plus éloigné de 50 lieues. (Projet de loi. Titre 12, art. 6) p. 85.

Cependant les Commissaires-instructeurs pourront proroger ces délais dans des cas particuliers, tels que ceux de maladies, d'absence des parties, etc.

Le premier acte de procédure que fera un cité, en reprise d'instance vaudra reprise de sa part, sans qu'il soit besoin de jugement qui l'ordonne. (Titre 12, art. 10, 15).

L'acte de procédure, que feront un mari et une femme conjointement, vaudra déclaration d'autorisation de la part du premier, sans qu'il soit besoin qu'il la fasse expressément.

Il ne pourra être proposé par écrit aucune exception purement dilatoire.

§. V. *Pouvoirs des Avoués.*

Les Avoués seront tenus de déposer au greffe les pouvoirs de leurs cliens, contenant charge d'occuper pour eux, savoir : celui du demandeur, lorsqu'il répondra aux défenses ;

Et celui du défendeur ou cité, lors de la signification des défenses.

Si la demande originaire et les défenses sont signées des parties , tant à l'original qu'aux copies, il ne sera pas besoin d'autre pouvoir (Titre 11) P. 82.

A la faveur de ces précautions , on préviendra tout abus et sur-tout ces odieux désaveux auxquels des plaideurs de mauvaise foi ne craignent pas de se livrer, pour se soustraire à des condamnations, et pour éterniser les procès.

Mais il faut faciliter le rapport et la production de ces pouvoirs, sur-tout de la part des illitérés, qui sont, en général, la classe la plus indigente.

Plusieurs ne pourroient pas subvenir aux frais d'une procuration.

Il sera bien de déterminer que les simples pouvoirs *ad lites*, pour une constitution d'Avoué, seront sur papier au timbre, mais exempts du droit d'enregistrement.

Et que le droit du Notaire sera fixé, pour la rédaction , à cinq décimes.

Le fisc y gagnera le timbre du papier.

§. VI. *Des Juges Commissaires-Instructeurs et de leurs fonctions.*

Les Juges seront Commissaires – instructeurs
des causes, à leur tour et rang, suivant l'ordre du
tableau (Tit. 4.). P. 72.

Le neuvième jour après l'échéance des citations, le Président inscrira leurs noms en marge
du registre de chaque nouvelle cause. Le sort
décidera ainsi de celles qui leur échoiront (*Voyez*
le Titre 4 ci-devant).

Les causes se trouveront ainsi distribuées sans
choix entre les divers Juges , et entre les diverses
sections dans les Tribunaux composés de plusieurs sections.

Fonctions des Commissaires – Instructeurs.

Les règlemens proposés , exigeront de leur part
la plus grande assiduité, mais elle sera indispensable pour le bien de la justice.

Ils statueront sur tout ce qui concernera l'instruction.

Ils donneront (on suppose après l'audience
publique) une audience particulière au palais ,
dans laquelle chacun d'eux entendra les Avoués,

ou leurs substituts, dans leurs requisitions. Ils fixeront les délais dans lesquels les défenses et les répliques, etc., seront données, en appliquant la loi à raison de l'éloignement des parties. Ils prononceront sur la reconnoissance des titres sous seing-privé, en vertu desquels on voudroit acquérir hypothèque judiciaire, etc.

Ils indiqueront leurs audiences pour des objets d'une longue discussion, tels que les procès-verbaux d'examen et d'arrêtés préparatoires sur apurement de compte.

Ils pourront référer au Tribunal des requisitions qui leur seront faites, sur lesquelles ils jugeroient à propos de ne pas statuer seuls.

Lorsque le fait sera instruit, ils rendront leurs ordonnances de renvoi à l'audience, et dès-lors toute procédure cessera.

Si toutefois, il étoit fait des productions de pièces nouvelles, ils statueront.

Dans les causes non-contestées, et dans les matières sommaires et urgentes, ils fixeront l'audience dans laquelle il sera fait droit. *Elles sont désignées sous le titre 17 de l'ordonnance de* 1667.

Les causes étant portées à l'audience publique, après que les Avoués auront pris leurs conclusions, les Juges-instructeurs rendront compte du fait, ainsi qu'il sera vérifié par l'instruction, et les Défenseurs seront entendus sur les moyens de droit.

S'il échoit à ordonner une enquête, elle sera faite devant eux et un second Juge.

Le Commissaire-instructeur référera de l'enquête à la première audience, pour, les Défenseurs ouïs, être définitivement statué.

Que davantages paroissent devoir résulter de ce nouvel ordre !

1°. Plus de jugemens par défaut faute de plaider; la source en sera tarie.

2°. Le narré du fait que fera le Commissaire-instructeur remplacera avantageusement celui que l'Avocat-général faisoit, dans des cours où l'on statuoit sur la plus grande partie des causes, d'après son seul exposé.

3°. Les Défenseurs plaideront uniquement les moyens de droit ; les faits ne seront plus rapportés d'une manière opposée, ou avec des réticences perfides, d'où naissoient des contradictions qui distraisoient du vrai point de décision.

Plus de ces lectures insipides de pièces, et de procédures pour justifier les allégations. Les moyens évasifs seront employés sans succès; et, si les Défenseurs s'égaroient trop, le Magistrat Commissaire-instructeur qui aura les pièces sous ses yeux, les rappelleroit aisément à la cause.

4°. La foiblesse des talens d'un Défenseur sera indifférente, et la subtilité d'un Praticien adroit, inutile. La bonne cause triomphera même sans le secours de Défenseur.

5°. On acquerra immensément pour la prompte expédition des procès. Une cause qui auroit occupé le Tribunal, pendant plusieurs séances, sera connue et jugée en peu d'heures.

6°. Si les Avoués passent un jugement *salvis duobus*, le Commissaire sera là pour éviter les erreurs et les surprises.

Invoquons encore quelques autres considérations pour les Magistrats.

Combien leurs fonctions augustes obtiendront de lustre ? Ils seront dans une constante vigilance ; la justice sera administrée avec célérité ; plus d'abus. Quel tribut de reconnoissance ne leur sera pas dû !

A la fin de la session, une audience sera consacrée à vérifier le causes jugées, et celles restées indécises. Les Avoués seront entendus pour connoître les affaires qui auront pris fin par arrangement, ou qui seroient sursises par décès ; on formera un nouveau tableau des causes à juger, dès la rentrée, à la session suivante.

Le Tribunal reprendra ainsi ses fonctions, sans aucune perte de temps.

Un tel ordre, en faisant cesser tous les abus, excitera le zèle de tous les coopérateurs.

Il n'y aura pas à craindre qu'il y ait jamais lieu à des plaintes en déni de justice ; et s'il en étoit porté, les Tribunaux s'en disculperoient aisément, en faisant parvenir au Ministre de la Justice les procès-verbaux de leur dernière séance, qui justifieroient de l'ordre établi pour le jugement de toutes les causes en leur rang.

Ces procès-verbaux serviroient encore, au besoin, à faire connoître les Tribunaux qui seroient chargés d'une trop grande quantité d'affaires, et ceux qui en auroient une insuffisante, afin d'y pourvoir, en réduisant le ressort des uns, et augmentant celui des autres.

Diroit-on que les juges ne pourront pas suffire aux fonctions qui leur seront attribuées ?

Mais on suppose qu'un Juge ait constamment 60, 80 à 100 causes soumises à son instruction.

Les trois quarts seront composées d'affaires sommaires dont les faits, renfermés en moins de dix lignes, seront expliqués en quelques minutes :

1°. Faits constants.

2°. Faits sur lesquels les parties sont contraires.

Quelques contestations seront susceptibles d'un plus grand développement ; mais elles formeroient toujours la matière d'une instance au rap-

Ainsi les Juges ne seront point surchargés.
Ajoutons que l'expédition des affaires sera très-accélérée. Il en sera jugé dans chaque audience le double au moins du nombre de celles qui le sont actuellement, en suivant les formes de l'ordonnance de 1667.

Point de jugement de pure instruction, point de remises de causes, point de momens perdus; le nombre des affaires à juger ne pourra qu'être réduit; et s'il en étoit autrement, ce nombre étant connu, les Juges pourront concerter les moyens d'en accélérer la décision, en prolongeant ou en indiquant quelques audiences.

Au surplus, la proposition de soumettre le rapport du fait à un Magistrat n'est point l'introduction d'une nouveauté. Le réglement du Conseil fixoit la décision de toutes les causes au rapport d'un Conseillier rapporteur, et cette précieuse institution a été adoptée par le Tribunal de Cassation, dont les jugemens, souvent rendus sans contradicteurs, excitent également nos hommages.

§. VII. *Des Défenseurs Officieux.*

De jeunes citoyens qui, après avoir fait l'étude du droit dans les écoles qui seront nécessairement établies, désireroient aspirer à la magistrature, pourroient être reçus à s'instruire dans les bureaux du Commissaire du Gouvernement; ils y rédigeroient, sous ses yeux, les conclusions qu'il seroit dans le cas de donner dans les affaires où son ministère est requis.

Ils pourroient même être reçus à les prononcer à l'audience, telles qu'il les auroit approuvées.

Ils pourroient encore être admis à assister. le Commissaire-instructeur âgé, et à faire lecture du compte qu'il rendroit du fait.

Et cependant ils défendroient les causes, notamment celles des citoyens peu fortunés (1).

Lorsqu'il seroit question de pourvoir à une place de judicature, un de ces citoyens, s'il avoit

____

(1) Il seroit à désirer qu'il fût pourvu à la défense des intérêts des personnes peu aisées, en formant une chambre de consultations gratuites, qui seroit composée de Défenseurs et d'Avoués, même de Juges, qui entendroient les parties, emploieroient les moyens de conciliation; et si elle n'avoit pas lieu, qui dirigeroient les actions.

Il existoit de ces réunions de gens d'affaires, sous le nom *de Conseils charitables ou de bienfaisance*, dans divers Départemens. Ils régloient de gré à gré une quantité de contestations; et, quand ils ne pouvoient pas y parvenir, ils contribuoient, de leurs moyens et de leurs deniers, à faire rendre justice au malheureux et à l'opprimé. Ils faisoient pourvoir les enfans mineurs de tuteurs, etc., etc.

atteint l'âge requis, y seroit promu, le Tribunal consulté.

Les fonctions judiciaires seroient ainsi remplies par des hommes qui se seroient déjà montrés dignes de la confiance. (Titre 32) *x.118.*

§. VIII *Des Avoués et de leurs Substituts.*

Si la procédure est simplifiée et réduite, ainsi qu'on le propose, le nombre des Avoués ne doit plus être aussi considérable ; la conséquence est sensible.

Mais ce nombre excède déjà par-tout de moitié, ou au moins du tiers. Les Juges qui ont fait quelques observations à cet égard, peuvent être consultés, et ils l'attesteront ; nous connoissons des Tribunaux qui en ont la conviction. Les Avoués ne peuvent pas avoir des causes dont les émolumens puissent suffire à leurs besoins et à ceux de leur famille ; de là la source des extensions de procédures, des exactions, et des ressources peu honnêtes auxquelles quelques uns se livrent.

Si le Gouvernement n'en réduit pas le nombre, les abus renaîtront sous toutes sortes de forme, et ils pourront être imputés à la nouvelle organisation qui les aura propagés ; nous sommes obligés de le dire.

Nous avons vu des Républiques où il y avoit peu

de ces sortes d'officiers. Il existoit peu de procès et point d'abus.

Prétendroit - on qu'étant en moindre nombre ils ne pussent pas suffire? Nous avons proposé le moyen de faire cesser cette crainte en les autorisant à avoir des Substituts.

Etant obligés, suivant le plan d'instruction proposé, d'assister, ou d'être représentés aux diverses audiences, lorsqu'ils y auront des causes, sous des peines coercitives ; et dans l'ordre actuel même, ces diverses audiences, dans lesquelles ils devroient paroître, étant tenues en même temps, il est indispensable qu'ils aient cette faculté de se faire représenter, sans ce , l'expédition des affaires en souffrira , ainsi que l'intérêt des parties.

Au premier apperçu, une réduction du nombre des Avoués, et une création de Substituts peuvent paroître contradictoires.

Pour en dissuader, faisons une comparaison.

Douze bureaux d'enregistrement sont établis dans une grande ville, mais le produit de la perception est inférieur de moitié à celui que l'on espéroit. La remise des percepteurs est insuffisante pour fournir à leur existence et aux frais de bureaux.

On en supprime la moitié.

Les six percepteurs restant ne peuvent pas suffire individuellement à faire la perception ; chacun deux prend trois aides ou adjoints, auxquels il paie une rétribution quelconque ; mais les émolumens qu'il obtient ne s'élèvent pas moins au double du produit qu'il retiroit précédemment, à la déduction toutefois de la somme déterminée qu'il paient àses aides.

Appliquant cette comparaison à l'espèce, les Avoués s'adjoindront des jeunes gens, auxquels ils paieront un traitement fixe, ou une portion quelconque des produits; mais ils ne jouiront pas moins du surplus.

Ils paient actuellement ce traitement aux chefs de leurs études, qui s'occupent sous eux de l'instruction.

Ce sera ces chefs qu'ils présenteront pour leurs substituts. Le sort des Avoués sera donc évidemment bonifié.

1º. On multiplicra ainsi leur existence en en réduisant le nombre; ils pourront suivre une plus grande quantité d'affaires, et retirer une rétribution plus considérable, sans que la société en soit grevée.

2º. Absens ou malades, ils seront suppléés dans leurs fonctions qui seront toutes de rigueur.

3º. Ils honoreront leur état; ils seront l'appui

du malheureux qui réclamera gratuitement leur secours.

4°. La moindre capacité des Substituts pour la discussion des moyens, lors des plaidoiries, sera indifférente, parce que les causes seront connues des Juges-Commissaires-Instructeurs qui suppléeront.

5°. Les places de Substituts, qui pourront être plus nombreuses, seront un moyen d'encouragement à s'instruire pour ceux qui voudront y parvenir.

6°. Etant plus immédiatement sous les yeux des Juges, ils seront plus circonspects, plus empressés à bien mériter, afin d'obtenir les suffrages des Juges, lorsqu'il y aura une place d'Avoué vacante, s'ils y aspirent.

7°. Ils se formeront pour tout autre état, tel que celui de Défenseurs officieux, Notaires, etc.

Il sera exigé que, pour être reçus, ils aient vingt ans; qu'ils soient présentés par des Avoués qui seront garans de leurs faits, relativement à l'exercice de leur état; qu'ils rapportent un certificat d'étude et de bonne conduite de la chambre de discipline; et qu'ils subissent un examen pardevant des Juges, à ce délégués, sur le Code Civil, et spécialement sur la loi sur l'Instruction des procès.

Nous observons, en finissant, que nous ne proposons

proposons pas une innovation. Les jeunes gens qui s'instruisoient au Palais, connus sous le nom de *Clercs*, étoient admis à substituer les Procureurs dans une partie de leurs fonctions ; on n'examinoit point leur capacité, ce qui étoit abusif: l'institution existoit donc. Nous indiquons seulement les moyens de l'améliorer avantageusement sous tous les rapports.

Voyez Tit. 30 et 31 du projet de loi. P. 115. 116.

§. 9. *Des Opinions, lors des Jugemens.*

Tous les Juges doivent émettre leur opinion ; le Commissaire-instructeur ou rapporteur, ne doit faire connoître la sienne que le dernier.

Si un Juge déclaroit n'en avoir pas une assez mûre, l'affaire sera renvoyée, et mise en délibéré, si elle est d'audience.

On a vu un Président, pressé de s'expliquer sur son opinion, annoncer qu'il n'en avoit point de formée ; il s'agissoit d'interprétation des nouvelles Lois sur la représentation ; tous les autres Juges s'étoient ouverts de leur avis.

L'affaire est mise en délibéré, et discutée de nouveau ; le Président donne le sien qui étoit opposé à celui de la pluralité, tous s'y réunissent, et le jugement passe de conformité. Il fut confirmé sur l'appel, et sur le pourvu en cassation.

Voyez Tit. 19 du projet de loi. P. 98.

D

§. X. *De l'exécution des Jugemens:*

On mettoit les jugemens à exécution, vingt-quatre heures après qu'ils avoient été signifiés.

Mais si la condamnation étoit inattendue, si elle étoit d'une somme considérable, le débiteur, hors d'état de payer, étoit obligé d'appeler pour temporiser, d'obtenir arrêt de défenses, etc.

Il accroissoit ainsi les dépens, et sa pénurie.

La voie des arrêts de défenses n'a plus lieu ; elle étoit trop vicieuse pour qu'on la laissât subsister.

Mais il faut donner des facilités au débiteur condammné, pour s'acquitter.

On croit les dispositions ci-après nécessaires.

Les jugemens des Tribunaux de commerce, ne seront mis à exécution qu'après l'expiration des délais pour payer, s'il en a été accordé, et vingt-quatre heures après le commandement.

Ceux des Tribunaux ordinaires, portant condamnation de 3,000 livres, et au dessous, après dix jours.

De 3,000 livres à 10,000 livres, après vingt jours.

De 10,000 à 20,000 livres, après le mois.

Et au dessus de 20,000 livres, après cinquante jours.

Il ne sera accordé que la moitié de ces délais, pour l'exécution des jugemens adjudicatifs de provisions.

Le créancier pourra néanmoins faire faire des oppositions, et des saisies-arrêts.

Il pourra même faire faire des saisies provisoires de meubles, en s'y faisant autoriser par une ordonnance du Juge commissaire-instructeur.

Les Tribunaux pourront accorder de seconds délais, suivant les circonstances, telles que celle où le débiteur se seroit acquitté d'une partie de sa dette, et donneroit pleine sûreté pour le paiement du surplus.

Combien de pères de famille n'auroient pas été ruinés, s'ils eussent eu des délais suffisans pour emprunter ou vendre ; si les exécutions n'eussent pas été précipitées, sans leur donner le plus court répit !

Voyez Tit. 25 du projet de loi. *P. 108*.

Les Huissiers multiplient leurs exploits sans mesure.

Les commandemens sont réitérés plusieurs fois dans l'année.

Ils rédigent presque autant de fois des procès-verbaux de portes fermées.

Souvent ils font composer le malheureux débiteur qui se laisse rançonner, pour se soustraire aux exécutions; ils ne dressent point de procès-verbaux, et laissent le créancier en souffrance de sa créance.

Il seroit bien d'ordonner :

Que l'exploit de commandement ne sera périmé qu'après une année de date, et qu'il ne pourra être réitéré avant l'expiration de ce temps, à peine d'être rejeté de la taxe même de restitution, s'il a été payé.

Que tout procès-verbal de portes fermées contiendra citation en référé, pour voir dire qu'il en sera fait ouverture forcée sous la même peine; point de citation séparée.

Que les Huissiers seront tenus de dresser des procès-verbaux de leurs transports, à peine d'être poursuivis par la voie de la police correctionnelle, comme troublant la tranquillité des citoyens, par leurs incursions sans mission.

Et que, lors de leurs transports, ils ne pourront pas surseoir les exécutions commencées, et se retirer sans l'autorisation du créancier pour lequel ils agiront, ou de son Avoué; autorisation qui sera donnée par écrit, sous la même peine.

Voyez Tit. 26 du projet de loi.

Ils doivent encore être tenus de mettre le prix de leurs salaires au bas de leurs exploits, avant de les présenter à l'enregistrement.

Voyez Tit. 27 du projet de loi. **P. 110.**

§. XI. *Des Moyens Coercitifs.*

On ne sauroit être certain de l'exécution d'une loi qui tend à réprimer d'anciens abus et à en prévenir de nouveaux, si on n'affecte l'intérêt de ceux qui doivent s'y conformer.

Dans l'espèce, on propose d'employer deux mobiles.

Le premier (nous l'avons déjà annoncé) consiste à attribuer aux Officiers qui préparent les voies de la justice, des émolumens gradués sur un taux tel, qu'ils obtiennent, par leur travail, une existence sortable, et qu'ils soient placés au dessus de la tentation, disons plus, du besoin d'enfreindre la loi!

On la leur fera ainsi chérir, et on pourra compter qu'ils s'y conformeront.

Le second, à les soumettre, s'ils y contreviennent, à une peine pécuniaire; à des aumônes pour des omissions, à des amendes pour les infractions.

Les coopérateurs seront ainsi excités par intérêt autant que par honneur, à suivre strictement ce qui leur sera prescrit.

Celui qui n'en aura pas fait une étude suffisante sera forcé à s'instruire.

Le dissipé sera obligé d'être attentif.

Le paresseux, d'être actif.

On imprimera un mouvement régulier et parfait à toutes les parties qui constituent l'ordre judiciaire.

Ces moyens sont nouveaux, ils paroissent extraordinaires.

Mais ils sont nécessaires pour régénérer ; le bien public les commande ; et on ne doit pas transiger sur un aussi grand intérêt.

Voyez Titre 33 du projet de loi. *p. 119.*

Des Commissaires choisis par le Gouvernement devront même être chargés de se rendre successivement auprès des Tribunaux pour assurer l'exécution entière et uniforme des règlemens, et rendre compte de leur mission au Ministre de la Justice, afin qu'il puisse obvier aux infractions, s'il en étoit fait.

EXEMPLES DE LA MÉTHODE D'INSTUCTION PROPOSÉE CI-DEVANT, §. I.

Firmin fait citer *Denis*, sur ce qu'il met en *fait* que ce dernier a souscrit en sa faveur, le 1er. pluviose an 7 ; un billet de 2,000 francs, payable dans une année de sa date ; en conséquence il demande, 1°. qu'il soit tenu de reconnoître son billet ; 2°. qu'il soit condamné au paiement de cette somme, etc.

Denis, dans ses défenses, est obligé de répondre au fait articulé ; nous supposons que le billet n'exprime point de valeur.

Sa pétition est ainsi conçue :

Aux citoyens Président et Juges, etc.

Denis, défendeur à la citation à lui donnée, le.......
contre *Firmin*, demandeur, dit, pour sa défense sur le
fait unique articulé par ce dernier, que l'exposant a souscrit le billet dont le paiement est requis.

Mais il articule, pour premier *fait* de défense, que
Firmin ne lui a pas fourni la valeur ; pour second *fait*,
que le billet le vérifie, puisqu'il n'en exprime point. Ainsi
cet engagement est nul, et ne peut point opérer de condamnation.

Il conclut à ce qu'ayant égard à cette nullité, il soit
renvoyé de la demande de *Firmin*, avec dépens.

SECOND EXEMPLE.

Abraham donne sa pétition, tendant à faire citer
Claude sur ce qu'il articule pour premier fait, que
ce dernier est légataire universel de *Jacques*, à la forme
de son testament du........

Pour second *fait*, qu'*Abraham* y est nommé légataire
particulier de la somme de 3,000 francs, dont *Claude* doit
lui faire compte.

En conséquence, *Abraham* requiert qu'il soit cité pour
être condamné au paiement de ces 3,000 francs, avec
intérêts, dès le décès de *Jacques*, et aux dépens.

Défenses de Claude.

Aux citoyens Président et Juges, etc.

Claude, défendeur, et cité le......

Contre *Abraham*, demandeur.

Dit pour ses défenses,

En réponse au premier fait ; qu'il est légataire de
Jacques.

En réponse au second, qu'*Abraham* est légataire particulier de 3,000 francs.

Mais l'exposant oppose, pour sa défense, les faits suivans : le premier, qu'il n'a accepté le legs universel de *Jacques*, que sous bénéfice d'inventaire. Pour l'établir, il produit l'ordonnance rendue le....... qui lui a donné acte de cette acceptation bénéficiaire, et l'inventaire auquel il a été procédé par...... daté en tête du..... et close le......

Le second fait, que le bien délaissé par *Jacques* consiste uniquement dans les objets compris dans ledit inventaire, et qui ne s'élèvent qu'à 9,500 francs.

Que les dettes et charges composent une somme de 1,500 francs, ce qui réduit l'hoirie à 8,000 francs.

Pour l'établir, il produit onze quittances, qui vérifient les paiemens que l'exposant a fait. La première, souscrite par...... le....... pour la somme de......; la seconde, souscrite par...... le....... pour la somme de.......; la troisième, etc., etc.

Le troisième fait, que les legs particuliers que renferme le testament, montent à 12,000 francs ; savoir, etc. Conséquemment il y a lieu à la réduction du tiers desdits legs. Pour établir leur quotité, l'exposant produit l'expédition du testament, et le calcul fait sur l'inventaire.

Il articule, pour quatrième fait, qu'*Abraham* lui est débiteur de 2,520 francs, suivant son billet souscrit le.....

La compensation s'opérant de droit, il résulte qu'*Abraham* est satisfait de la somme de 2,000 francs, à laquelle le legs est réduit.

Et pour cinquième fait, résultant de ce que dessus, qu'*Abraham* lui est débiteur de 520 francs, pour soulte du montant dudit billet enregistré.

Il est fondé à lui faire demande en reconvention de

cette somme , dès que les biens de l'hoirie de *Jacques* sont insuffisans pour acquitter la totalité du legs, non compris ceux dont il avoit fait donation à l'exposant, lors du contrat de son mariage , lesquels ne font pas partie de ladite hoirie.

Il conclut , etc.

Il offre de communiquer originalement, par son Avoué , à celui d'*Abraham*, sur son récépissé, les pièces ci-dessus énoncées, à l'exception du billet souscrit par ce dernier, dont sera signifiée copie , etc.

Troisième Exemple.

Camille articule dans sa citation donnée à *Ferdinand* , pour premier fait, qu'il lui a remis à titre de loyer , un appartement dépendant de sa maison , située rue........ au prix de........... payable par quartier.

Pour second fait, qu'il est son créancier de neuf mois de loyer , échus le..... montant à......

Pour troisième fait, que *Ferdinand* a occasionné des dégradations à l'immeuble , en faisant ouvrir le mur du rez-de-chaussée sur la cour , pour y former une remise.

Pour quatrième fait, que ces dégradations s'annoncent par trois lézardes , qui prennent naissance au-dessus de l'ouverture pratiquée dans le mur , et s'élèvent jusqu'au toit, c'est-à-dire dans la hauteur des trois étages.

Pour cinquième fait, que la principale pièce de bois, qui supporte le palier de l'escalier, a sa prise dans ledit mur.

Pour sixième fait, que cette pièce s'est affaissée , et que les marches de l'escalier surbaissent de ce côté, de 18 lignes.

Pour septième fait, qu'il y a à craindre un écroulement de ce mur et de l'escalier.

Il conclut , etc.

Défenses de Ferdinand.

Aux citoyens Président et Juges, etc.

Ferdinand, défendeur à la citation à lui donnée le...

Contre *Camille* demandeur,

Observe pour sa défense,

Sur le premier fait, qu'il convient d'être son locataire;

Sur le second fait, que s'il n'a pas satisfait *Camille* du prix du loyer par lui demandé, une opposition formée à son préjudice y a porté obstacle;

Sur le troisième fait, qu'il a fait ouvrir le mur dont parle *Camille*; mais sa demande n'en est pas mieux fondée sous ces deux rapports.

L'exposant articule pour fait contraire, que l'opposition faite le........ à la requête de..... ayant été dénoncée le..... audit *Camille*, ce dernier n'a pas pu régulièrement le faire citer en paiement du prix du loyer.

Comme il paroît feindre n'en pas avoir connoissance, copie en sera signifiée avec ces présentes, ainsi que de la dénonciation, et il lui sera fait offre à deniers découverts du prix du loyer.

Pour second fait contraire, l'exposant dit que s'il a fait ouvrir le mur, *Camille* lui a donné cette faculté dans le bail à loyer qu'il lui a passé.

Copie de ce bail sera signifiée avec les présentes.

Pour troisième fait contraire, que l'exposant a fait faire cette ouverture sous la direction de........ architecte;

Qu'il a fait mettre tous les étais nécessaires;

Que la couverture de la porte a été placée avec solidité, et que le nouvel œuvre a été resserré et réuni à l'ancien par des coins de fer et de bois.

Ainsi l'exposant n'a fait que ce que *Camille* l'a autorisé de faire, et il a usé de toutes les précautions requises.

Si le mur s'est lézardé, s'il a éprouvé un tassement, et si l'escalier a pris coup, ces évènemens proviennent de la caducité du mur ; le locataire ne peut pas en être garant.

Camille est donc sans action à cet égard contre l'exposant.

Il conclut, etc. , etc.

OBSERVATIONS

PARTICULIÈRES

SUR DES ABUS DONT LA RÉFORME APPARTIENT PLUS SPÉCIALEMENT AU CODE CIVIL.

ARTICLE PREMIER.

Voies répercussives de la mauvaise foi des Plaideurs.

LA mauvaise foi se montre dans les Tribunaux, à front découvert ; l'homme cupide ne court aucun risque ; toutes les chances sont pour lui.

Si ses désaveux, ses suppositions sont détruites, si on parvient à en démontrer la turpitude, il n'encourt aucune peine, il est seulement déchu de sa prétention.

Les Tribunaux doivent repousser avec force la mauvaise foi, lui imprimer un caractère de réprobation tel que l'homme injuste n'ose plus l'employer.

Nous avons vu un particulier, après le décès d'un père de famille, qui avoit été son curateur pendant son adolescence, et qui lui avoit donné des marques de la plus affectueuse tendresse, soit pour l'administration de ses biens, soit pour sa propre direction ; nous avons vu, disons-nous ; ce particulier former, après son décès, opposition aux scellés, et répéter une somme de 9,500 livres, qu'il lui avoit prêtée après sa majorité, sur reconnoissance qu'il produisit.

Les héritiers savoient que cette somme avoit été remboursée depuis près de dix ans, et employée par ce particulier à solder le prix d'une acquisition ; on lui articule le fait ; on lui produit même des lettres dans lesquelles il indiquoit cette destination, et demandoit son remboursement ; il le désavoue, et prétend qu'il s'étoit procuré ailleurs des fonds.

L'affaire est plaidée et mise en délibéré ; les héritiers alloient succomber. Ils recouvrent une lettre, par laquelle ce particulier, en convenant de son remboursement, annonçoit que la somme étoit insuffisante, pour qu'il pût solder le prix de son acquisition ; il prioit son *ancien patron et maître*, de lui procurer un prêt de mille écus.

Cette lettre est produite. Il se départ de sa demande, offre de rendre la reconnoissance, et de payer les dépens, ce qui fut exécuté.

Mais il resta impuni de sa tentative, qui tendoit à voler aux héritiers de son bienfaiteur, 9,500 livres.

Ceux-ci ne furent point indemnisés du temps

perdu en recherches, démarches et faux frais, et des sollicitudes qu'une pareille demande leur avoit fait éprouver.

Une loi devroit autoriser les Juges à prononcer l'adjudication à titre de dommages-intérêts, d'une partie au moins de la somme qu'un homme d'une mauvaise foi aussi évidente, cherchoit à extorquer, outre la condamnation d'une amende.

Un autre particulier réclame, après trois ans, le paiement d'un prêt, vérifié par une lettre, portant énonciation qu'elle tiendroit lieu de reconnoissance.

On rapporte un carnet, qui annonce le lieu et le jour que le remboursement avoit été fait.

Désaveu, jugement de condamnation, en affirmant.

Au moment qu'il se disposoit de prêter serment, on lui représente sa quittance ; et il s'échappe au travers des huées que l'indignation excite. Il est condamné aux dépens.

Mais il reste impuni du vol qu'il vouloit faire.

Des ballots de soie sont vendus sur facture, à un marchand, habitant dans un autre Département, pour être payés dans l'année. Tel est l'usage de quelques places de commerce, de ne point exiger de billets, de ne traiter que sur la bonne foi présumée, et rarement trompée.

A l'échéance, citation donnée en paiement. Le cité objecte que s'il a acheté, il a payé.

Le demandeur est reçu à prouver la délivrance, sauf à l'adversaire à vérifier le paiement.

Le premier rapporte le certificat du poids public, où les ballots avoient été pesés, et les noms du vendeur et de l'acheteur enregistrés. Il administre la preuve par témoins, que l'acheteur les avoit fait charger sur sa voiture, lors de son départ.

Après quinze mois, il est condamné avec dépens.

Mais le défendeur n'étoit pas indemnisé par les intérêts, de la privation des 11,000 livres, prix des ballots, des frais de trois voyages, de la perte de son temps, et des sollicitudes.

Tous désaveux téméraires, faits en justice, doivent être sévèrement punis. Les articles 88 et 89 de l'Ordonnance de 1539 n'auroient jamais dû cesser d'être en vigueur.

Ces désaveux sont un vrai fléau ; le seul moyen d'en préserver la société est d'imprimer à leurs auteurs une marque distinctive de réprobation, qui contienne ceux qui seroient tentés de les imiter. 1.126.

ARTICLE II.

Loi qui annulle l'engagement de la femme, si la déclaration d'autorisation du mari n'est pas exprimée, à abroger.

Un mari et une femme se procurent un prêt, achètent un mobilier, ou prennent un bail à ferme, etc.

Le mari, sans fortune, n'inspire aucune confiance, mais la femme a des propriétés; on traite sur la foi de l'engagement de cette dernière.

Ils ont affaire à un homme simple qui ignore les formes; le mari d'intelligence avec sa femme n'exprime pas qu'il l'autorise.

Le créancier demande, à l'échéance, l'exécution de l'engagement contre l'un et contre l'autre; celui de la femme est déclaré nul, faute de mention d'autorisation; et le créancier est constitué en perte de sa créance, le mari étant insolvable.

Une loi doit faire cesser ce moyen perfide de tromper l'homme simple et de bonne foi.

Le mari qui signe avec sa femme, le curateur avec son pupile, les autorisent de fait. L'expression formelle de l'autorisation est superflue.

Toutes dispositions purement subtiles, dont la mauvaise foi peut se prévaloir, doivent être rejettées comme nuisibles à l'ordre social.

Nous

Nous avons vu, pendant l'espace de trente années, un grand nombre de créanciers peu instruits, ainsi trompés, perdre leurs créances qui formoient une partie de leur fortune, et être encore condamnés aux dépens envers les femmes. *P. 127.*

A R T I C L E I I I.

Loi qui exige l'expression de la solidarité à abroger.

Les associés sont solidaires.

Les maris et les femmes vivent dans un état d'association bien plus exacte; donc ils doivent être tenus solidairement des dettes qu'ils contractent, sans qu'il soit besoin de l'expression du mot *solidaire*, ou autre semblable.

La Jurisprudence étoit contraire dans des Parlemens régis par le droit écrit, où il étoit permis aux femmes de s'engager.

Si elles ne contractoient pas sous la clause *solidaire*, elles n'étoient déclarées co-débitrices que de la moitié de la somme stipulée; on n'avoit action, pour l'autre moitié, que contre le mari.

Cependant il étoit de principe que la femme n'étoit que caution; elle avoit action contre son mari pour sa reprise et son remploi.

Dès qu'elle n'étoit débitrice principale d'aucune portion de la dette, il semble qu'on ne pouvoit

E

pas distinguer la partie de la somme cautionnée. Dès lors il y avoit contradiction de syncoper son engagement.

Mais nous allons plus loin.

Tous obligés par le même acte, qu'ils fassent ou non le commerce, et qu'il soit ou non question de marchandise, doivent être tenus chacun du paiement pour le tout, sans qu'il soit besoin de l'expression de solidarité. La distinction de la préférence ou de l'absence de ce mot est abusive.

Pourquoi, d'abord, distinguer l'engagement fait par des particuliers pour un fait de commerce, qui, dans ce cas, sont tenus solidairement de la dette, et l'engagement fait par plusieurs citoyens, mais pour autres causes ?

Trois particuliers demandent que je leur prête trois mille francs. Je connois la solvabilité de l'un d'eux ; je me détermine à leur faire le prêt.

Deux s'engagent avec lui, mais je n'apperçois dans leur engagement qu'un surcroît de sûreté pour mon remboursement. Sa promesse est mon seul mobile.

A l'échéance, cet homme ne m'offre que mille francs pour son tiers, et me renvoit à ses co-engagés pour l'excédant.

Je m'y refuse et lui demande le tout.

Nous ne nous sommes pas engagés, me dit-il, sous la clause *solidaire*.

J'ignore, lui répons-je, ce que signifie ce mot; mais je lis votre engagement, je me renferme au sens simple qu'il me présente : *Nous promettons de payer la somme de trois mille francs*, etc.

Jusqu'à mon entier remboursement, votre promesse de me payer ces trois mille francs subsiste; chacun de vous s'est engagé séparément de me rendre la totalité de la somme, c'est le vrai sens de votre engagement, toute autre interprétation est judaïque.

Si, lors de la souscription, vous et vos deux co-emprunteurs, eussiez voulu stipuler que vous ne me rembourseriez chacun que le tiers, je ne vous aurois pas fait le prêt.

La loi que vous invoquez autoriseroit une fraude; elle contrediroit l'idée simple que votre promesse fait naître, que vous me paieriez 3,000 francs, *et non mille francs chacun.* D s que vous n'avez pas distingué que ce seroit par parties divisées, chacun de vous doit être tenu de la totalité. Vous écriviez, vous deviez stipuler les modifications de votre engagement.

Si vous les eussiez proposées, je ne les aurois pas admises; je n'aurois pas prêté mes deniers. L'acte n'en renferme aucunes; la subtilité de la loi que vous invoquez, ne sauroit être admise; elle autoriseroit au moins un dol.

E 2

C'en est assez pour faire voir la nécessité de faire disparoître ces rubriques qui, au lieu de remplir le vœu de la loi, celui de réprimer la mauvaise foi, lui donnent au contraire l'essor, et la font audacieusement triompher.

Des gens rusés ne pourront plus tromper l'homme simple.

Combien de créanciers qui, ignorant la nécessité de l'expression de solidarité, ont été constitués en perte par des co-emprunteurs affidés, dont, en définitif un seul se trouvoit solvable ; et n'étoit condamné qu'au paiement de sa portion, contre l'attente du créancier induit en erreur !

CAS DE DÉMISSION

VOLONTAIRE

D'UN JUGE.

Sɪ un juge, après avoir rempli avec zèle ses fonctions, est empêché de les continuer, à raison de son âge, ou pour cause de santé, et donne volontairement sa démission, ne doit-il pas être reçu à assister aux audiences, et remplir, quand il le pourra, les autres fonctions de judicature? On pense que cette faculté doit être accordée, le Tribunal consulté.

Elle excitera les démissions des Juges qui seroient empêchés de pouvoir en remplir les fonctions avec toute l'exactitude requise, et qui cependant craindroient d'éprouver des regrets.

S'ils ont acquis une considération méritée, leur présence dans les Tribunaux, ne pourra qu'exciter le zèle.

ARTICLES

Proposés pour la réformation de l'Instruction des Procès Civils, rédigés en forme de Loi.

TITRE PREMIER.

Forme de rédaction des libelles et exploits, tendant à citation, devant les Tribunaux de première instance.

ARTICLE UNIQUE.

Le libelle, ou exploit de citation, sera rédigé par ordre de *faits* séparés.

Si le demandeur réclame le paiement d'une créance, il articulera :

Pour premier fait, le titre de cette créance par somme, date, et échéance.

S'il est créancier pour autres causes, il les distinguera également par ordre, et par faits séparés.

S'il a reçu des sommes qu'il alloue, il les annoncera encore, toujours séparément.

Cet exposé des faits sera suivi de ses conclusions
(*Voyez* §. 1ᵉʳ., 3ᵉ. partie de la dissertation).

*N*ᵃ. On en donnera un exemple à la fin de ce
projet. *P. 123.*

TITRE II.

Des Citations.

ARTICLE UNIQUE.

Les citations seront données pour comparoître
devant le Tribunal, à jour fixe et certain, sans
distinction des jours fériés, ou non fériés (*Voyez*
§. **4,** 3ᵉ. partie de la dissertation). *P. 32.*

TITRE III.

Du Registre, ou Journal des Causes.

ARTICLE PREMIER.

Il sera tenu, dans chaque Tribunal, un registre, ou Journal des Causes. Toutes celles échéan-
tes à une même date seront inscrites sur une
même page, à la suite les unes des autres.

Les pages seront divisées en sept colonnes.

Sur la 1ʳᵉ. sera mis le numéro d'entrée de
la cause.

A la 2ᵉ. sera inscrit le nom du Juge, Commissaire-instructeur.

La 3ᵉ. indiquera l'échéance de la citation.

E 4

La 4e. contiendra les noms, prénoms, qua‑lités, et domiciles des demandeurs ; et au dessous, les noms, prénoms, qualités et domiciles des cités.

La 5e. servira à relater les noms des Avoués des parties.

La 6e. contiendra la relation des défauts, faute de présentation, qui seront délivrés.

Et la 7e. colonne, la date des jugemens.

Voyez §. 2, troisième partie de la dissertation.*P.18.*

Le modele est attaché a la fin.

TITRE IV.

Des Juges, Commissaires-Instructeurs.

ARTICLE PREMIER.

Le Président du Tribunal désignera, en marge du Registre, ou Journal, les Juges, suivant l'ordre du tableau, qui seront Commissaires-instructeurs de chaque cause ; cette désignation sera faite, le neuvième jour, après celui de l'échéance des citations. (*Voyez* §. 4, 3e. partie de la dissertation).*P. 33.*

II. Le Président du Tribunal, et le vice-Pré-sident qui, en son absence, en remplira les fonc-tions, seront dispensés de celles de Commissaires-instructeurs, s'ils le jugent à propos.

III. Les Commissaires-instructeurs règleront les délais dans lesquels seront fournies les défenses, les repliques, et seront faits tous autres actes de procédures, pour parvenir à l'instruction.

IV. Ils répondront les pétitions qui leur seront présentées, d'une ordonnance de soit *signifié*.

Les défenses, les réponses, les repliques, etc., seront toutes en cette formes.

V. Lorsqu'ils jugeront que le fait est suffisamment éclairci, ils renverront la cause à l'audience la plus prochaine, pour être réglée par le Tribunal, à un jour certain ; et ils indiqueront l'audience en laquelle il sera définitivement statué sur les causes non contestées, ou urgenteset privilégiées, sauf remise à l'audience suivante, s'il ne pouvoit pas être fait droit à la première indiquée. (Titre XVIII, ci-après.)p. 97.

VI. S'il y a lieu à enquérir, ils entendront les témoins, assistés d'un autre Juge à ce délégué, et référeront ensuite de l'enquête au Tribunal.

VII. S'il est ordonné une expertise, ils assisteront au rapport.

VIII. Ils prononceront sur tous incidens relatifs à l'instruction, tels que ceux sur production de pièces, sur reconnoissance d'actes sous signature privée, sur interrogatoires, sur faits et articles, etc., si mieux ils aiment en référer au Tribunal.

IX. Ils prendront, quand bon leur semblera,

communication, sur leur récépissé, des pièces des procès, dont ils seront Commissaires.

X. Lors de la plaidoirie des causes, après que les Avoués auront pris leurs conclusions, les Commissaires-instructeurs rendront compte du fait vérifié par l'instruction ; et les Avoués ou les Défenseurs plaideront les moyens de droit.

XI. Ces derniers auront toutefois la faculté de proposer les omissions sur le fait, s'il y avoit lieu.

XI. Les Commissaires arrêteront les dépens adjugés, dont la liquidation sera porté dans les jugemens, avant qu'ils puissent être expédiés. (*Voyez* §. 3, 3ᵉ. partie de la dissertation.) *p. 26.*

XII. En cas de maladie d'un Commissaire-instructeur, ou autre empêchement, il sera pourvu, sur sa déclaration, à son remplacement ; la cause de l'empêchement sera exprimée dans l'arrêté que fera le Tribunal.

XIV. Il sera fait choix d'un autre Commissaire pris dans la même section, lequel, au moyen de ce, ne sera pas compris dans la première distribution, qui aura lieu, des nouvelles causes.

XV. L'appel des ordonnances des Commissaires-instructeurs, sera porté à l'audience du Tribunal, et devant les Juges de la première section, s'il y en a plusieurs. Si l'appel est d'une ordonnance d'un Juge de la première section, il sera porté devant ceux dela seconde.

XVI. Si l'ordonnance est infirmée, il sera nommé un autre Commissaire-instructeur; et celui dont l'ordonnance aura été invalidée, sera chargé de la première cause, qui sera dévolue à sa section.

TITRE V.

Inscription des citations au Greffe.

ARTICLE PREMIER.

Le jour de l'échéance de la citation, ou dans les trois jours suivans (qu'un de ces jours soit ou non férié), l'Avoué du demandeur remettra au greffe copie de lui signée du libelle de sa demande, de la citation, et des pièces.

II. Il remettra encore une feuille, contenant la date de la citation, celle de son échéance, et les noms, prénoms, états ou professions, et les domiciles des parties citantes et citées; le tout écrit correctement, de lui signé.

III. Le greffier transcrira sur le registre ou journal des causes cette feuille, et mettra en marge le numéro d'ordre d'entrée de la cause.

Il donnera récépissé de cette feuille, et de la copie de la citation, sur les originaux qui lui seront représentés par l'Avoué, et il y relatera le numéro de la cause.

Il répètera encore ce numéro d'ordre sur la copie de la citation que l'Avoué lui déposera.

TITRE VI.

Des présentations des Cités.

ARTICLE PREMIER.

L'Avoué du cité remettra la cédule de sa présentation au greffe le 4e., 5e., 6e., ou 7e. jour après l'échéance de la citation; qu'un de ces jours soit ou non férié. (§. 2, 3e. partie de la Dissertation). p. 43.

II. Le greffier inscrira le nom de l'Avoué sur le registre ou journal des causes, dans la case à ce destinée.

III. Il donnera à l'Avoué une déclaration de cette présentation sur l'original de sa cédule.

IV. Si l'Avoué du demandeur n'avoit pas fait inscrire, dans le délai ci-dessus fixé (Titre V, article II.) la cause sur le journal, l'Avoué du cité remplira cette formalité.

V. Il déposera encore au greffe, avant d'être reçu à faire signifier les défenses de sa partie, copie de la citation, si le demandeur ne l'y a pas fait remettre suivant l'article premier dudit titre V.

TITRE VII.

Des Défauts, faute de présentation.

ARTICLE UNIQUE.

Si le cité n'a pas fait inscrire sa présentation au greffe, sur le journal des causes, le 7e. jour, à compter de l'échéance de la citation, le demandeur pourra faire lever un défaut contre lui, dès le 8e. jour.

TITRE VIII.

Des Jugemens sur défaut, faute de présentation.

ARTICLE PREMIER.

L'Avoué du demandeur communiquera au Commissaire-instructeur la citation et les pièces sur lesquelles elle sera fondée , et il sera rendu jugement par défaut contre le défaillant.

II. En cas de maladie ou autre empêchement le Commissaire – instructeur sera suppléé pour la vérification de l'adjudication du défaut par le premier Juge en ordre, après lui dans la même section , pour ne pas retarder le jugement sur defaut.

III. La date de ce jugement sera émargée sur le registre des causes par le greffier. L'expédition n'en sera délivrée que vingt-quatre heures après, si le Tribunal n'en ordonne autrement, lorsque le cas sera urgent.

IV. Si le jugement par défaut étoit rendu contre plusieurs défaillans, que l'un d'eux eût nommé un Avoué, et formé opposition dans l'intervalle des vingt-quatre heures, ainsi qu'il sera expliqué dans le titre ci-après, le greffier énoncera, à la suite de l'expédition, que le jugement ne sera exécuté que contre le défaillant qu'il désignera, et non contre les autres parties qui se seront présentées depuis.

TITRE IX.

Des oppositions aux Jugemens par défaut, faute de présentation, et des frais préjudiciaux.

ARTICLE PREMIER.

Le défaillant qui formera opposition au jugement par défaut, dans les vingt-quatre heures, à compter de la date dudit jugement, offrira, par l'acte contenant ladite opposition, les frais préjudiciaux, et il fera inscrire sa présentation au greffe, dans le lendemain, sur l'exhibition qu'il sera tenu de faire au greffier de la quittance desdits frais. Il fera aussi signifier la cédule de ladite présentation inscrite à l'Avoué du demandeur dans le même jour.

Faute de ce faire, le demandeur pourra retirer expédition du jugement, et le faire mettre à exécution.

II. Si le jugement par défaut a été signifié, le défaillant, après y avoir formé opposition, ainsi qu'il est dit ci-dessus, sera tenu de la réitérer dans les vingt-quatre heures, par pétition, à laquelle il joindra la quittance des frais préjudiciaux, pour obtenir du Commissaire-instructeur son ordonnance de réception de l'opposition; il fera signifier ces pétition et ordonnance le lendemain à l'Avoué du demandeur; faute de ce faire, le jugement pourra être mis à exécution.

III. Le défaillant sera reçu à venir à révision des frais préjudiciaux, s'il croyoit qu'il en eût été trop exigé; en faisant dans sa pétition sur opposition, des réserves à cet égard.

IV. Les oppositions aux jugemens par défaut, faute de plaider, ne seront admises qu'autant qu'elles seront formées dans dix jours, à compter de la signification des jugemens, si ceux contre lesquels ils auront été rendus, habitent dans la commune où le Tribunal est établi, ou dans l'arrondissement, à une distance de dix lieues;

Et d'un jour pour dix lieues, en sus de dix jours, s'ils habitent à une distance au-delà de dix lieues.

Les oppositions qui seront formées après ces

délais ne seront pas reçues, les parties ne pourront se pourvoir pour faire réformer les jugemens, s'ils leur font griefs, que par la voie de l'appel.

V. Cependant, si les jugemens statuoient en premier et dernier ressor, les oppositions seront reçues, à la charge par les opposans, de consigner une amende de 15 liv., dont ils réuniront la quittance à leur pétition en opposition, outre celle des frais préjudiciaux.

Cette amende sera restituée si les jugemens sont corrigés dans leurs principales dispositions.

VI. Si, de plusieurs parties citées pour un même objet, les unes se présentent et les autres font défaut, le demandeur prendra au greffe, certificat de ce défaut, qui demeurera joint, de droit, à la plaidoirie de la cause, sans quil soit besoin de jugement qui le prononce.

VII. Si le demandeur croit qu'il soit de son intérêt d'obtenir jugement contre le défaillant, il requerra l'adjudication du profit du défaut en présence de toutes les parties.

VIII. Dans le cas où l'une des parties prendroit fait et cause en main pour le défaillant, comme garant eenvers lui de la condamnation requise, ou par tous autres motifs reconnus valables, acte

sera

sera donné de la prise en main , et le défaut sera joint à la plaidoirie de la cause.

IX. En , par le demandeur , faisant signifier ce jugement au défaillant , avec interpellation de se présenter avant le jugement définitif à intervenir pour faire valoir ses moyens; si le défaillant n'y défère pas, il sera censé avoir laissé à son garant le droit de le défendre, et il sera dès lors non recevable à former opposition au jugement définitif.

X. Cependant, si le jugement statuoit en premier et dernier ressort, et que le Tribunal crut devoir reviser le jugement, l'opposition ne sera admise qu'à la charge, par l'opposant, de consigner une amende qui ne pourra pas être fixée à moins de 15 liv. , ni excéder 60 liv., suivant l'objet de la contestation.

Et encore à la charge de rembourser les frais du défaut , et tous ceux qui s'en seront suivis, compris la signification du jugement définitif , faite au défaillant , comme frais préjudiciaux.

XI. Les dépens faits par l'opposant , pour parvenir à la réception de son opposition, resteront à sa charge sans retour.

XII. L'amende sera restituée, s'il est ainsi ordonné par le Tribunal, dans le cas où il changeroit les dispositions de son premier jugement.

XIII. Si les cités qui auront constitué Avoués,

ne prennent pas le fait et cause des défaillans en main, ou ne paroissent pas avoir un intérêt personnel à faire joindre le défaut à la plaidoirie de la cause, le Tribunal adjugera le profit du défaut.

TITRE X.

Du renvoi d'instance du cité.

ARTICLE UNIQUE.

Faute par le demandeur d'avoir rempli les formalités prescrites, Titre V, article 1 et 2, ci-dessus, le cité qui aura satisfait aux articles 4 et 5, du Titre VI, donnera sa pétition contenant ses moyens de défenses, et poursuivra l'instruction et le jugement de la cause, conformément aux règlemens généraux, ci-après prescrits. (*Voyez* §. 4, 3e. partie de la dissertation). P. 32.

TITRE XI.

Des pouvoirs des Avoués.

ARTICLE PREMIER.

Les Avoués seront tenus de rapporter des pouvoirs de leurs cliens. (*Voyez* §. 5, 3e. partie de la dissertation). P. 37.

II. Ces pouvoirs pourront être sous signature privée, ou reçus par un Notaire.

III. S'ils ne sont qu'*ad lites* , et uniquement pour ce qui a rapport à l'instruction des procès, ils seront exempts du droit d'enregistrement.

IV. L'Avoué du cité déposera au greffe son pouvoir, lors de la signification de ses défenses, ou dans les vingt-quatre heures suivantes.

Et celui du citant, lors de la signification de sa réponse aux défenses, ou du premier acte de procédure qu'il fera après lesdites défenses.

Dans les causes fondées en titre non constestés, ils seront produits, lors du premier acte de procédure qui sera fait, et avant que les Avoués puissent être entendus à l'audience publique.

V. Ils parapheront les actes qui contiendront ces pouvoirs, en les déposant.

VI. Le Greffier leur en donnera récepissé, au bas d'une copie qu'ils en retiendront.

VII. Si les parties ont signé, savoir : le demandeur, la demande ou citation originaire, et le cité, les défenses, tant aux originaux qu'aux copies, les Avoués auront un pouvoir suffisant d'occuper.

VIII. Le pouvoir d'un mari suffira pour autoriser une citation, ou des défenses données en son nom et en celui de sa femme, pour raison des droits dotaux de cette dernière, ou pour objet concernant la communauté.

Un cohéritier pourra se faire fort pour son cohéritier absent.

IX. Les Avoués ne pourront passer au désaveu d'un écrit, ou de faits personnels à leurs cliens, et offrir leur affirmation en justice, sans rapporter un pouvoir spécial qui les y autorise.

TITRE XII.

De la manière de procéder dans l'instruction des Causes.

ARTICLE PREMIER.

Le cité s'étant présenté, le demandeur l'appellera en référé, devant le Commissaire - instructeur, pour fixer le délai dans lequel il fournira ses défenses. (Titre 4, 3ᵉ partie de la dissertation) P 36

II. Le cité remplira la même formalité, pour obliger le demandeur à délibérer, et répondre aux défenses.

III. Il en sera usé ainsi pour tous les actes subséquens, jusqu'à ce que l'instruction soit close, et la cause renvoyée à l'audience, pour être statué.

IV. Faute par le cité de défendre, et, par le demandeur de répondre aux défenses dans les délais qui auront été fixés, il en sera référé par celui qui aura avantage, sur un avenir donné à son adversaire, devant le Commissaire-instructeur, pour prononcer le renvoi de la cause à l'audience, afin d'être jugée en l'état.

V. Après ce renvoi, si la partie en retard donne l'instruction par elle différée, le Commissaire - instructeur ne l'admettra, par son ordonnance sur la pétition , qu'à la charge de rembourser à l'adversaire les frais faits depuis l'échéance du terme qui lui avoit été accordé, pour donner ladite pétition , comme frais préjudiciaux (§. 6, 3ᵉ. partie de la dissertation).P. 39.

V I. Les délais pour faire les divers actes seront déterminés sur les bases suivantes :

Ils ne pourront pas être moindres de cinq jours, et plus longs de quinze jours, lorsque la partie qui y sera soumise , habitera dans l'arrondissement de dix lieues du siège du Tribunal.

De dix à vingt jours , lorsqu'elle habitera à la distance de dix lieues ; et au delà , jusqu'à trente.

De vingt à trente jours, pour celle qui habitera à trente lieues ; et au delà , jusqu'à cinquante lieues.

Et d'un jour, pour dix lieues , en sus de trente jours, pour celle qui résidera à une plus grande distance de cinquante lieues.

Le Commissaire-instructeur pourra proroger ces délais , en cas de maladie, absence, ou autres empêchemens des parties.

VII. Si la demande est fondée en titres , ou est autrement reconnue incontestable, le Commissaire-instructeur fixera l'audience à laquelle il sera statué.

VIII. Tous les actes d'instruction , dans lesquels les parties développeront leurs moyens , seront rédigés en forme de pétitions , adressées au Tribunal.

Ils seront écrits en caractère des actes des Notaires ; les copies qui seront signifiées aux Avoués et au Greffe seront d'un caractère lisible, à peu près semblable.

IX. Défenses sont faites de proposer aucunes exceptions purement dilatoires par écrit.

X. Les premiers actes d'instruction que feront les parties sur le fait de la contestation, lorsqu'un tiers sera intervenu, ou qu'il aura été appelé en garantie , vaudront déclaration qu'ils admettent l'intervention, ou la jonction de la demande en garantie à la cause principale, s'ils ne la contestent expressément (§. 4, 3e. partie de la dissertation) æ. 39.

XI. Le mari qui dirigera , conjointement avec sa femme , une action ; et un curateur avec son pupile , les autoriseront de fait , sans qu'il soit besoin qu'ils l'expriment.

XII. Il en sera ainsi , lorsque cités., ils proposeront conjointement leurs défenses.

XIII. Abrogeons l'usage de faire rendre jugement,

1º. Pour faire recevoir la reprise d'une instance.

2º. Pour faire recevoir une intervention.

3º. Pour faire ajouter en qualité un garant, et faire joindre la demande à lui formée à la demande originaire.

4°. Pour obliger un mari à déclarer expressément s'il autorise sa femme, et un curateur son pupile, (et faute de ce que la femme et le pupile seront autorisés en justice) lorsqu'ils auront fourni conjointement une instruction.

1°. Si l'action en reprise d'instance est contestée;

2°. Si l'intervention est débattue;

3°. Si une partie s'oppose à la réunion de la demande en garantie;

4°. Si le mari ne donnoit pas des défenses par un même acte avec sa femme, et le curateur avec son pupile, ou s'ils ne fournissoient pas des défenses;

Dans les trois premiers cas, il sera statué sur les exceptions qui seront proposées;

Et dans le quatrième cas, il sera rendu jugement pour l'autorisation de la femme par justice, et il sera statué sur le refus du curateur.

XIV. Si les Commissaires-instructeurs ordonnent le renvoi des causes à l'audience, ainsi qu'il est prescrit, Titre IV, article V, il ne sera fait aucun acte de procédure ultérieur, excepté qu'il y ait lieu à production de nouvelles pièces, ou d'autres motifs, et dans ces cas les Avoués prendront le vu et permis du Commissaire-instructeur.

XV. Si le renvoi a été ordonné par défaut

contre une partie, dénonciation lui sera faite par acte, du jour auquel l'audience aura été fixée. Elle ne sera pas réitérée.

XVI. Les parties pourront abréger les délais généraux pour les citations, et faire citer à comparoître à jour et heure fixes, soit à l'audience publique, soit devant un Juge à ce délégué pour causes urgentes, en obtenant ordonnance du Président du Tribunal, qui indiquera par icelle le Commissaire-instructeur auquel il en sera communiqué.

Faute par le cité de comparoître, il est laissé aux juges la faculté de statuer définitivement ou d'ordonner autrement ce qu'il appartiendra.

Cès citations seront inscrites au registre ou journal des causes, et les copies des actes signifiés au greffe, comme ceux des autres causes.

TITRE XIII.

Forme de rédaction des Défenses.

ARTICLE PREMIER.

La pétition qui contiendra les défenses consistera en une réponse catégorique par aveux ou désaveux clair et précis sur les faits articulés dans la demande, sans intervertir leur ordre, et sans préambule, ni circonlocutions. §. 1er. ⬛⬛., 3e. partie.

(89)

II. Si le cité a des faits contraires ou des faits nouveaux à opposer, il les développera également par ordre.

III. Tous faits articulés par l'une des parties, sur lesquels la partie à laquelle ils seront opposés gardera le silence dans sa première instruction en réponse, passeront dès-lors pour constans; et, si elle les contredit dans une instruction subséquente, elle sera tenue à une réfusion envers son adversaire, qui ne pourra pas être moindre de 10 liv., ni excéder 30 liv., à raison des dépens auxquels ce silence aura donné lieu.

Nª. Il sera donné un exemple de cette formule à la fin de ce projet. P. 123.

TITRE XIV.

Des réponses aux défenses, et des répliques aux réponses.

ARTICLE PREMIER.

Les réponses aux défenses, et les répliques, seront rédigées dans la même forme et le même ordre qu'il a été ci-dessus prescrit, Titre Iᵉʳ., article unique, et Titre XIII, article Iᵉʳ.

II. Il ne pourra être fourni dans chaque cause que trois pétitions au plus pour l'instruction, compris celle qui contiendra les défenses, sauf l'exception portée, Titre XII, article XIV.

III. Il est expressément défendu aux Avoués d'employer dans leurs écrits, comme dans leurs plaidoyers, des expressions offensantes ou triviales, et de se servir d'épithètes et de qualifications injurieuses. S'ils citent, dans les instructions, des lois, ils en indiqueront la date et le titre sans en transcrire le texte.

TITRE XV.

Des redditions de compte.

ARTICLE PREMIER.

Les comptes de régie et d'administration de biens seront rédigés en forme de pétition comme toutes les autres pièces d'instruction.

II. Les faits qui auront donné lieu à la comptabilité seront sommairement narrés par articles et avec ordre, ainsi qu'il a été dit Titre 1er. article unique. Ils seront discutés dans le même ordre, suivant les Titres XIII et XIV ci-dessus.

III. Le compte sera divisé par chapitres de recette et de dépense; les chapitres par sections, et les sections par articles.

N^a. Point de chapitre de reprises.

IV. A la fin, seront sommairement désignées les pièces produites à l'appui de chaque article.

V. Elles seront paraphées par l'Avoué du rendant compte, et par lui communiquées originalement à l'Avoué de celui à qui il sera rendu, vingt-quatre heures après la signification du compte.

VI. Dix jours après, si le compte contient deux cents articles; et quinze jours après, s'il en contient un plus grand nombre, tant en recette que dépense, l'Avoué du rendant compte indiquera par acte signifié à l'Avoué de celui qui l'entendra un référé devant le Commissaire-instructeur, pour arrêter les articles non susceptibles de contestation, déterminer ceux que l'oyant compte voudra débattre, et fixer le délai dans lequel il donnera les débats et proposera les omissions, s'il y a lieu.

VII. L'Avoué de celui à qui le compte sera rendu pourra lui-même requérir ce référé avant l'échéance de ce délai.

VIII. Les débats seront restreints aux seuls articles qui seront désignés. Les omissions seront cotées par articles, et par ordre ainsi qu'il a été dit.

IX. Après semblables délais ci-dessus, à compter de la signification des débats (art. 6), et du rétablissement des pièces entre les mains de l'Avoué du rendant compte, celui qui l'aura débattu, citera ce dernier en référé devant le Commissaire-instructeur, pour les entendre de nouveau et arrêter les articles dudit compte, et ceux des omissions, sur lesquelles les parties seront d'accord, et déterminer le délai dans lequel les soutènemens seront fournis sur le surplus.

X. La partie qui rendra le compte pourra requérir ce référé, ainsi qu'il a été dit, article 7 ci-dessus.

XI. Les soutènemens seront réduits à la discussion des articles contestés.

XII. Après leur signification, il en sera usé de la part des parties, ainsi qu'il a été préfixé, articles 6 et 7 ci-dessus.

XIII. Les mêmes formalités seront observées pour la réponse à soutènemens, la réplique, et la réponse à réplique que les parties pourront être dans le cas de fournir, et qui complèteront les instructions principales permises en cette matière.

XIV. S'il est requis des condamnations provisoires sur les procès-verbaux d'arrêtés faits par le Commissaire-instructeur, il renverra les parties à l'audience à jour fixe, pour y être statué.

XV. L'instruction close, le Commissaire-instructeur indiquera également le jour de l'audience, ou de la chambre en laquelle la cause sera réglée, pour statuer sur les articles en litige, et rendre le jugement définitif d'apurement de compte.

XVI. Tous actes de procédures et formalités sont abrogés, et notamment celle d'affirmation du compte.

T I T R E X V I.

Du cahier de procédure de chaque cause qui sera formé au greffe.

A R T I C L E P R E M I E R.

Les Avoués seront tenus de faire signifier au greffe une copie de toutes les procédures et formalités, même des jugemens et des actes pour leur exécution.

II. Les copies qui concerneront une même cause seront réunies en un seul cahier par le greffier.

III. Chaque cahier recevra le numéro d'ordre sous lequel la cause aura été inscrite dans le registre ou journal des causes (Tit. 3, art. 1er.).

IV. La première pièce de ce cahier devra être la cédule ou feuille qui contiendra les noms, prénoms, etc., des parties désignées sous le titre 5, art. 2, et le titre 6, art. 4.; la seconde, copie de la citation originaire (Titre 5, art. 1er., et Titre 6. art. 5), et successivement les autres actes sans exception.

V. Les avoués relateront correctement le numéro d'ordre de la cause en tête ou en marge des copies qu'ils feront signifier, ou qu'ils déposeront au greffe.

VI. Le greffier mettra au bas des originaux des significations qui lui seront faites et qui lui seront présentées par les huissiers, son récépissé écrit à la main, ou à la griffe, pour plus prompte expédition, *reçu copie au greffe.*

Il fera aussi cette relation sur les pièces que les avoués déposeront eux-mêmes au greffe.

VII. L'inscription d'une demande en garantie sera portée à la page du registre, commune aux citations qui échoiront à la même date.

Mais cette citation recevra en marge de son inscription la répétition du numéro d'ordre de la demande principale dont elle fait suite.

VIII. Au bas de l'inscription de cette demande principale, mention sera faite de celle en garantie et de sa date.

IX. A mesure de la réunion des copies aux cahiers auxquels elles appartiendront, le greffier sera tenu de mettre au dessous du numéro de la cause un chiffre qui indiquera le nombre des pièces du cahier, pour assurer l'ordre de leur production, et faciliter à en reconnoître la quotité.

X. Le Commissaire – instructeur prendra ce cahier en communication, lorsqu'il le désirera, sur son récépissé.

XI. La cause étant jugée, si c'est par jugement en dernier ressort, la partie en faveur de laquelle le jugement aura été rendu fera retirer du greffe ce cahier par son Avoué, dans l'espace de six mois, à compter de la date du jugement.

XII. Les cahiers de procédures sur lesquelles les Avoués déclareront, lors de l'audience générale (Titre 28, art. 4, ci-après), que les parties se sont réglées, seront retirés dans deux mois, après l'époque de ladite audience.

XIII. Après ces délais, les cahiers seront supprimés, et les parties non recevables à en demander la représentation aux greffiers.

XIV. En cas d'appel du jugement, l'Avoué de la partie qui voudra aller en avant sur l'appel, retirera ce cahier pour le faire parvenir au Tribunal d'appel dans la quinzaine.

XV. Si les Avoués ne jugent pas à propos de prendre cette charge, la partie, ou son avoué requerra le greffier de faire cet envoi, en indiquant la voie pour l'effectuer, et subvenant aux frais de ports et vacations. Sur le récépissé du voiturier qui sera indiqué, et auquel le greffier remettra le cahier, ce dernier sera valablement déchargé. Cette réquisition sera faite sur le registre.

N^a. La voie de la poste seroit préférable comme plus sûre.

Aux pièces de ce cahier sera joint un bordereau qui en désignera le nombre.

Le commissaire – inspecteur des greffes paraphera le bordereau, et il apposera son cachet ou chiffre sur le lien qui réunira lesdites pièces.

XVI. Tous cahiers de procédures des causes ou instances, qui seront restés pendant trois années sans errement, seront supprimés, et le greffier déchargé de leur représentation.

TITRE XVII.

Des audiences des Commissaires-Instructeurs sur référés.

ARTICLE PREMIER.

Les Commissaires – instructeurs donneront audience, sur référés pour l'instruction des causes au Palais de Justice, après l'audience publique, ou à toute autre heure qui sera réglée par le Tribunal. (*Voyez* §. 8, 3ᵉ. part.).

II. Ils indiqueront des audiences particulières, s'ils le jugent à propos, pour arrêter les articles des comptes rendus, et pour statuer sur les autres matières d'une longue discussion.

III. Les présidens de l'audience pourront suppléer les Commissaires – instructeurs momentanément absens pour cause de maladie ou autres empêchemens,

et statuer sur les référés portés devant ces derniers.

IV. Ils indiqueront par leurs ordonnances de
clôture de l'instruction, dans les matières ordinaires, le jour où la cause sera portée à l'audience, pour en être le jugement fixé par le
Tribunal à un jour certain ; et dans les causes
sommaires, ou non contestées, le jour auquel elles
seront jugées, sauf remise à un jour suivant, si
elles ne pouvoient pas l'être à ce premier.(Titre 4,
art. 5 de la dissertation).

TITRE XVIII.

Des Audiences Publiques.

ARTICLE PREMIER.

Le greffier formera un cahier composé des
feuilles des causes renvoyées par les Commissaires - instructeurs à l'audience, pour en fixer
la plaidoirie. (*Voyez* §. 6, 3e. partie de la dissertation après *des Juges Commissaires-Instructeurs.*p. 38.

Et un cahier des feuilles des causes sommaires
renvoyées pour être jugées.

Il remettera ces cahiers au Président.

II. Les premières seront fixées à la plus prochaine audience, en classant, à chaque jour d'audience, le nombre des causes sur lesquelles le

G

Tribunal pourra prononcer, eu égard à la discussion à laquelle elles pourront donner lieu ; sur quoi les Commissaires - instructeurs seront consultés.

Quant aux causes sommaires, il sera prononcé sur icelles en l'audience, dans laquelle elles auront été renvoyées, sauf la continuation à l'audience suivante.

III. Le greffier formera un tableau des causes ordinaires dont la plaidoirie aura été fixée ; ce tableau sera affiché cinq jours avant qu'elles soient plaidées.

Il affichera également le tableau des causes sommaires renvoyées d'une première audience à la suivante.

Il composera un petit journal particulier, soit des causes ordinaires, soit des causes sommaires, sur deux colonnes séparées, pour chaque audience. Ce journal sera à la disposition du Président.

TITRE. XIX.

De l'émission des Opinions lors du Jugement.

ARTICLE PREMIER.

Chaque Juge s'expliquera de son opinion : le plus jeune opinera le premier, et ainsi successivement. (*Voyez* §. 9, 3ᵉ. part.) 149.

II. Si un Juge déclare n'avoir pas une opinion formée sur la question soumise au Tribunal, la cause sera mise en délibéré, pour être vidé à l'audience suivante.

III. Le Commissaire-instructeur, ou rapporteur, ne fera ouverture de son avis qu'après le Président. (Il sera le dernier opinant).

TITRE XX.

Des jugemens par défaut, faute de plaider ; et des oppositions qui y seront formées.

ARTICLE PREMIER.

Les jugemens par défaut, faute de plaider, s'ils sont rendus en premier ressort, ne pourront être réformés que par la voie de l'appel. (*Voyez* §. 5, 1re. partie ; §. 6, 3e. partie de la dissertation, après *des Juges, Commissaires,* etc.; titre *de leurs fonctions*).ᴘ.ɪɪ.40.

II. L'opposition ne pourra être admise que lorsqu'ils auront statué en dernière instance.

III. L'Avoué qui aura obtenu un jugement qui prononcera en dernier ressort, en dénoncera les dispositions par acte, dans vingt-quatre heures, à l'Avoué du défaillant.

IV. Le jugement ne sera expédié, retiré, et si-

gnifié, que neuf jours après l'acte de dénonciation, ci-dessus prescrit.

V. Si le défaillant croit avoir des moyens, pour
faire recevoir son opposition au jugement, ils les
exposera au Tribunal, dans une pétition qu'il
sera tenu de remettre au Commissaire - instructeur, dans le terme de cinq jours, à compter
de la dénonciation qui lui aura été faite du jugement.

VI. Si le Tribunal, après avoir délibéré sur
ladite pétition, admet l'opposition ; ce sera à la
charge, par l'opposant, de consigner une amande
de quinze francs, et de supporter les frais préjudiciaux, conformément aux dispositions du Titre IX, article 10 et 11, ci-dessus. P. 81.

TITRE XXI.

De l'Instruction sur appointement.

ARTICLE PREMIER.

Le jugement qui ordonnera une remise de
pièces, ou un appointement, fixera le jour auquel
le Commissaire-instructeur, qui en sera rapporteur, fera son rapport ; sauf à le remettre à un
plus long terme, s'il en est besoin, pour parache-
ver l'instruction de l'instance.

II. Les parties ne pourront faire signifier, chacune, qu'une pétition.

L'ordre méthodique, ci-devant ordonné, sera conservé dans la discussion des faits, si l'instruction, à cet égard, n'étoit pas complète.

A la suite de la pétition, sera l'inventaire sommaire des pièces et procédures.

III. La partie la plus diligente fera signifier sa pétition.

IV. Elle indiquera, trois jours après, un référé devant le Commissaire-rapporteur, pour faire fixer le délai dans lequel il sera fourni une réponse.

V. Après ce délai, il sera passé outre au jugement, sur les pièces qui seront produites.

VI. Dans toutes les causes où instances, les Mémoires imprimés qui seront distribués, contiendront énonciation de la date de la signification qui en aura été faite à l'Avoué de la partie adverse, et au Greffe; faute de ce, ces Mémoires ne feront pas partie des pièces du procès, et les Juges n'y auront aucun égard.

TITRE XXII.

Du Commissaire chargé de l'inspection des Greffes.

ARTICLE PREMIER.

Le Tribunal déléguera un des Juges, pour surveiller l'exécution de tout ce qui est ordonné

pour l'ordre et la bonne manutention des Greffes.
Ses fonctions dureront une année, et ne pourront
être prorogées au delà de deux.

II. En cas de négligence, d'irrégularités, ou
d'inexécution des règlemens, le Commissaire en
référera au Tribunal pour, le Commissaire du
Gouvernement entendu, y être obvié.

III. Le Commissaire, chargé de cette inspection, sera dispensé des fonctions de Commissaire-
instructeur, dans la moitié des causes ; à cet effet,
il sera obmis dans la distribution d'une cause sur
deux.

IV. A la fin de chaque session annuelle, le Président vérifiera, en présence dudit Commissaire,
et de celui du Gouvernement, l'état et l'ordre dans
lequel seront tenus les registres, actes et minutes
des Greffes, et les cahiers de procédures des
causes et instances. Procès-verbal en sera dressé,
et extrait en sera délivré au Commissaire du Gouvernement, pour requérir ce qu'il appartiendra,
en cas d'inobservance des règlemens.

TITRE XXIII.

*Mention des Coûts et Émolumens sur chaque
acte de procédure, et sur les copies signifiées.*

ARTICLE PREMIER.

L'Avoué qui fera signifier un acte de procé-

'dure, une pétition, une ordonnance, un jugement préparatoire, etc., sera tenu de mettre au bas, ou en marge, un état du coût et de l'émolument de ces erremens, par le détail, avec addition du montant total, répété en toutes lettres.

II. Cet état comprendra les déboursés et les émolumens qui seront dus, pour tout ce qui aura été fait depuis le précédent acte signifié.

III. L'Avoué qui aura fourni des défenses, des réponses ou toute autre instruction, sans y avoir été astreint par une ordonnance sur référé dans les cas où ce préalable a été indiqué (Titre 10, 12, 13, 14 et 15), pourra tirer en frais, l'équivalent du droit qu'il auroit obtenu pour la plaidoirie, ou assistance à ce référé, à titre de droit de prompte expédition. *P. 82. 84. 88. 89. 91. 92.*

IV. L'Avoué qui auroit négligé de faire le rappel sur les actes originaux, ou sur l'une des copies, des coûts et émolumens qu'il devait y porter, sera déchu de la faculté de les réclamer; ils n'entreront pas en taxe en définitif.

TITRE XXIV.

De la Liquidation des Dépens.

ARTICLE PREMIER.

Tout jugement adjudicatif de dépens, en contiendra la liquidation. Il ne pourra être expédié qu'après qu'elle aura été faite , excepté le cas urgent qui sera alors exprimé dans le jugement.

I. Si les dépens adjugés par un jugement ne s'élèvent pas au dessus de 150 liv., compris l'émolument de la plaidoirie, la liquidation en sera arrêtée par le Commissaire - instructeur, sur la réquisition de l'Avoué qui en aura obtenu l'adjudication, l'Avoué de la partie condamnée présent ou appelé par acte signifié ; et la liquidation sera insérée dans le jugement.

III. L'émolument des plaidoiries sera arbitré à raison du temps que le défenseur ou l'avoué auront employé pour s'instruire de la cause, et pour la discuter à l'audience. (§. 2, *suite de la 3e. partie de la dissertation*) P. 31.

IV. Lorsque les dépens excèderont 150 liv., l'Avoué de la partie qui en poursuivra la liquidation , en formera une liste, composée des sommaires portés sur chaque pièce de la procédure, auxquels il ajoutera les frais et émolumens de la plaidoirie et le droit de liste.

V. Il indiquera au bas le jour qu'il en sera référé au Commissaire-instructeur pour arrêter la liquidation.

VI. Il fera signifier cette liste à l'Avoué adversaire.

Si ce dernier ne comparoît pas au référé, la

liste sera arrêtée, et son montant porté en liquidation dans le jugement.

VII. L'assistance de l'Avoué de la partie condamnée aux dépens, à cette liquidation, et les réductions qu'il pourra proposer, ne préjudicie-
ront point à la faculté de sa partie, d'appeler du
jugement, s'il y a lieu.

VIII. S'il est proposé des réductions sur lesquelles
le Commissaire - instructeur ne juge pas à propos
de statuer seul ; ou s'il estimoit qu'il y a lieu à faire
des réductions d'office, il les énoncera dans son
ordonnance, et l'enverra à la chambre de discipline des avoués, par le greffier, pour, sur l'avis
de la chambre, être statué par les juges qui auront rendu le jugement, ce qu'il appartiendra.

IX. L'appel des liquidations de dépens faites
par les Commissaires – instructeurs expliquera
les articles et les motifs, à peine de nullité de
l'appel, et il sera passé outre à l'exécution du
jugement, quant à ladite liquidation.

X. Cet appel sera porté, sur un simple avenir, devant les Juges autres que ceux qui auront fait la
liquidation. Le président auquel l'acte d'appel sera
communiqué remplira les fonctions de Commissaire - instructeur.

XI. Si le jugement de la cause est susceptible
d'appel, il pourra aussi être appelé de celui qui

aura confirmé la liquidation des dépens , soit conjointement, soit séparément l'un de lautre.

TITRE XXV.

Des délais pour l'exécution des Jugemens.

ARTICLE PREMIER.

Les Jugemens par défaut faute de présentation ne seront retirés et signifiés, avec commandement, que vingt-quatre heures après qu'ils auront été rendus (Art. 3, titre 8). Il ne sera procédé par saisies et exécutions qu'après l'expiration du délai ci-dessus déterminé, article 4, Titre 9.) *Voyez* §. 13, 3e. *partie, dissertation)* P. 50.

II. Les Juges pourront accorder aux parties condamnées par jugement en premier ressort un délai qui ne pourra pas excéder 50 jours, pour dettes non contestées, si elles le requièrent, et acquiescent audit jugement.

III. Tous jugemens rendus contradictoirement, ou par défaut faute de plaider, dont l'opposition n'aura pas été admise conformément aux articles 1 et 2 du titre 20, ne seront retirés que dix jours après leur date, et ils ne seront mis à exécution, savoir :

Ceux prononçant une condamnation jusqu'à 3000 liv., que dix jours après la signification qui en aura été faite avec commandement.

Jusqu'à 10000 liv., que vingt jours après ladite signification.

Jusqu'à 20000 liv., que trente jours après.

Et pour toutes sommes excédantes 20000 liv., que cinquante jours après cette signification.

IV. Les Juges pourront réduire à cinq jours, le délai, pour retirer expédition des jugemens, et à vingt-quatre heures celui pour exercer des contraintes, après le commandement, s'ils en sont requis; lorsque les condamnations seront causées pour alimens, provisions, loyers et fermages, salaire et gages d'ouvriers et Domestiques, et autres causes privilégiées, dont le paiement sera urgent.

Ils pourront restreindre cette réduction de délai, pour accélérer les contraintes, au payement d'une partie seulement des condamnations, s'ils ne jugent pas à propos de l'ordonner pour le tout.

V. Les Juges de première instance auront la faculté de réduire également, suivant les circonstances, les délais déterminés, sous l'art. 3 ci-dessus, pour les contraintes et exécutions; à la moitié, si cette réduction est requise.

Et les Juges d'appel pourront les réduire, même les supprimer pour la totalité, en statuant sur l'appel.

VI. Ils auront, par réprocité, la faculté d'accorder un second délai aux débiteurs condamnés (art. 2 et 3, ci - dessus), qui ne pourroient s'acquitter que d'une partie des adjudications, et qui offriroient sûreté pour le surplus.

Les réquisitions pour les prorogations seront faites par pétitions, renvoyées par les Commissaires qui auront été Instructeurs, à l'audience, et signifiées.

Il ne sera fait, sur ces pétitions, aucune instruction, ni adjugé contre le débiteur, d'autres frais que ceux de la plaidoirie de l'Avoué du créancier.

VII. Les jugemens exprimeront les réquisitions des parties pour l'obtention, les prorogations, ou l'abréviation de ces délais.

VIII. En cas de paiement de partie des condamnations portées par jugemens accordant délai pour le surplus, les premiers paiemens seront imputés sur les frais et les intérêts adjugés.

IX. Les adjudications prononçant remise d'effets, délaissement d'héritages ou autres objets semblables, seront excutées dans dix jours après le commandement, s'il n'est pas requis, et s'il n'a pas été accordé un plus long délai.

X. Les créanciers pourront, avant l'expiration de ces délais pour l'exercice des contraintes, faire faire en vertu des jugemens, des inscriptions, des oppositions, des saisies et arrêts de deniers. Ils auront à cet effet la faculté de prendre au greffe un extrait sommaire desdits jugemens, quand au dispositif énonçant les condamnations prononcées.

En cas d'enlèvement de meubles et effets, ils pourront les faire arrêter et saisir.

Ils auront encore la faculté de faire procéder par saisie de fruits pendans par racines, pour éviter que la récolte s'ameublisse.

XI. Il ne sera donné suite à ces exécutions préliminaires et de sûreté, et procédé à d'autres plus amples, qu'en vertu des jugemens expédiés en due forme, signifiés avec commandement, et après l'expiration des délais ci-dessus fixés, à peine de révocation, et de tous dommages-intérêts.

XII. Les exécutions en vertu de jugemens rendus sur faits de commerce, seront permises vingt-quatre heures après la signification avec commandement, s'il n'a point été accordé au débiteur de délai pour payer. Mention sera faite de la cause de la condamnation dans le jugement, lequel sera expédié et délivré au créancier, à première réquisition.

TITRE XXVI.

Des Exploits de commandement et des Procès-verbaux de mise à exécution.

ARTICLE PREMIER.

Les exploits de signification des jugemens qui autorisent des contraintes, contiendront commandement, sans qu'il puisse être fait deux exploits séparés, à peine de radiation en taxe du second.

II Le commandement ne sera périmé qu'aprés une année révolue, pendant lequel temps il ne pourra être réitéré, à peine de radiation de la taxe.

Excepté le cas ou il y auroit eu surséance accordée par écrit.

III. Tous procès-verbaux de portes fermées, contiendront citation à la partie exécutée pour voir dire qu'il en sera fait ouverture forcée, à peine de radiation des frais de ces procès-verbaux en taxe.

IV. L'Huissier qui se transportera pour faire une exécution, si elle n'a pas lieu, sera tenu de verbaliser de la cause de la suspension, s'il ne parachève pas l'exécution.

Il ne pourra surseoir que du consentement par écrit de la partie pour laquelle il agit, ou de son Avoué, s'il n'y a pas des obstacles.

En cas de contravention à l'une de ces deux dispositions, il pourra être poursuivi comme concussionnaire et mandataire infidèle par la voie de la police correctionnelle, soit à la diligence du débiteur chez lequel il se sera transporté, soit à celle du créancier dont il avoit le mandat, soit encore à celle du Commissaire du Gouvernement.

TITRE XXVII.

Des salaires des Huissiers.

ARTICLE UNIQUE.

Les Huissiers seront tenus de mettre au bas de tous leurs exploits et procès-verbaux, avant de les présenter au bureau de l'Enregistrement, le montant de leurs droits et salaires, à raison desdits actes, écrits en toutes lettres, et par eux signés, non compris le droit d'Enregistrement.

Le Préposé à la perception de ce droit, en en faisant registre, désignera en marge de son registre la quotité du salaire, coté par l'Huissier au bas de l'exploit, ou du procès-verbal.

S'il n'y étoit pas exprimé, l'Huissier encourra 5o francs d'amende.

Le Préposé dressera procès-verbal de la contravention, et délivrera, dans vingt-quatre heures, contrainte contre l'Huissier, pour le paiement de cette amende.

TITRE XXVIII.

De l'audience générale pour la révision des causes et instances.

ARTICLE PREMIER.

A la fin de chaque session annuelle, il sera indiqué, sur la réquisition du Commissaire du Gouvernement, une audience publique générale.

II. Tous les Avoués seront tenus d'y assister, ou de s'y faire représenter.

III. Sur le rapport du Commissaire chargé de l'inspection des greffes, il sera constaté des causes et instances inscrites au journal, ou registre, qui auront été jugées pendant la session.

Il sera fait appel de celles non jugées, pour connoître,

1°. Celles qui auront pris fin par décès ou autrement.

2°. Celles qui auront été terminées par accord entre les parties.

3°. Celles dont l'instruction aura été suspendue ou n'aura pas été achevée.

4°. Enfin, celles qui n'auront pas pu être jugées, quoique instruites.

Distinction sera faite des causes entrées dans le dernier mois.

IV. Le registre sera déchargé des causes et
instances

instancés qui auront pris fin par décès, et de celles sur lesquelles il aura été traité entre les parties, d'après les déclarations qui seront faites par les Avoués, de la certitude desquelles ils seront garans : celles sur lesquelles les Avoués ne s'expliqueront pas seront supprimées.

V. Il sera statué ce qu'il appartiendra sur les motifs qui seront donnés, de la suspension des causes.

VI. Il sera fait un rôle de celles à juger à la rentrée, en en réglant la série.

VII. Les Greffiers émargeront sur le registre, les causes terminées par décès et par traités.

Et ils transporteront, sur le registre destiné à recevoir les causes de l'année suivante, celles qui, instruites, resteront à juger, pour l'être à la rentrée.

Et encore toutes celles dont l'instruction n'aura pas été achevée.

Elles seront inscrites dans le nouveau registre suivant l'ordre de leurs numéros.

Mention de leur transport sera fait sur le registre duquel elles seront extraites.

Celles dont l'instruction sera achevée seront distinguées par ces mots, *à l'audience.*

Quand aux causes dont l'instruction aura été suspendue, elles ne seront portées au nouveau registre, que lorsque l'instruction sera reprise; L'Avoué qui fera la première instruction, requerra le transport, et la cause recevra un nouveau numéro d'entrée; il le dénoncera à l'adversaire.

L'instruction d'une cause sera réputée suspendue dès qu'elle n'aura pas été close, et renvoyée par le Commissaire-instructeur à l'audience, et qu'il n'aura pas été signifié d'acte tendant à instruction, pendant les deux derniers mois.

VIII. Les Commissaires ayant l'inspection des greffes, surveilleront ces transferts, et les arrêteront sur le nouveau registre, lorsqu'ils seront achevés.

IX. Extraits des procès-verbaux de cette séance, rédigés par les Présidens de chaque Tribunal, seront délivrés par les Greffiers aux Commissaires ayant l'inspection des greffes, et aux Commissaires du Gouvernement près les Tribunaux.

Ceux-ci les feront parvenir au Ministre de la Justice, s'ils en sont requis.

TITRE XXIX.

De l'Instruction sur Appel.

ARTICLE PREMIER.

L'ordre et les formes prescrites pour l'instruction des procès, dans les Tribunaux de première

Instance ; seront suivis dans les Tribunaux d'appel : en conséquence, les griefs seront articulés par nombre et par ordre, et cette méthode sera suivie dans les réponses à griefs, sans préambules , digressions , ni discussions superflues. Tout ce qui ne constituera pas un fait de la cause, et un moyen tiré du fait, sera retranché.

II. La partie la plus diligente fera faire l'envoi du cahier de la procédure de première instance, conformément aux dispositions du tit. 16, art. 14 et 15. *P. 95.*

TITRE XXX.

Des Substituts des Avoués.

ARTICLE PREMIER.

Un Avoué pourra se faire suppléer dans ses fonctions par un ou plusieurs substituts.
Voyez §. 2, 2ᵉ. partie, §. 10, 3ᵉ. partie. P. 12. 46.

II. Pour être admis Substitut, il faudra 1°., être présenté par un Avoué.

2°. Avoir vingt années accomplies.

3°. Rapporter un certificat de bonnes mœurs, et de bonne conduite, de la chambre de discipline des Avoués.

4°. Subir un examen pardevant trois Juges, à ce délégués par le Président du Tribunal, sur le code civil, et spécialement sur la loi relative à l'instruction.

III. Le Tribunal rendra, sur le rapport d'un des Juges délégués, le jugement de réception du présenté ; ou de renvoi, jusqu'à ce qu'il soit plus instruit.

IV. S'il est reçu, il ne pourra pas substituer un Avoué, dans ses fonctions, jusqu'à ce qu'il ait été cautionné par ce dernier, et inscrit, ainsi qu'il sera dit. Tit. 31, art. 3, ci-après.

V. Il n'agira qu'au nom de l'Avoué, *N......* *Substitut de .... Avoué.*

VI. Il ne pourra s'occuper de son état que dans l'étude de l'Avoué.

VII. L'Avoué pourra, quand il le jugera à propos, lui retirer ses pouvoirs, ainsi qu'il sera dit, titre 32, art. 6. Et dès lors le Substitut restera sans fonctions.

TITRE XXXI.

Des Avoués.

ARTICLE PREMIER.

Les Avoués se conformeront exactement à tout ce qui est prescrit par cette loi, pour l'instruction des procès, aux peines ci-après indictes, Tit. 33. *Voyez §. 18; 3e.* partie de la dissertation. *p. 45.*

II. Ils seront tenus d'assister régulièrement aux audiences lorsqu'ils y auront des causes, ou de s'y faire représenter par un Défenseur chargé de leur pouvoir spécial, ou par un Substitut.

III. Pour que l'Avoué puisse jouir de cette dernière faculté, il sera tenu de faire préalablement sa déclaration sur un registre tenu au greffe : 1°. qu'il se rend caution des faits du Substitut; 2°. qu'il l'autorise à le représenter en cette qualité dans tous les actes relatifs à l'état d'Avoué, lesquels vaudront comme si l'Avoué les eût faits.)

Le nom de celui qu'il se substituera sera inscrit sur un tableau général des Avoués et de leurs substituts, lequel sera affiché, tant aux greffes qu'aux salles des audiences.

IV. L'Avoué pourra s'adjoindre plusieurs Substituts.

V. L'Avoué retirant ses pouvoirs du Substitut, il en fera sa déclaration au greffe. Elle sera émargée par le greffier sur celle de cautionnement qui avoit été faite par l'Avoué, lorsqu'il avoit nommé le Substitut dont le nom sera de suite supprimé des tableaux affichés.

VI. l'Avoué retirera du Substitut, l'expédition

de sa déclaration, et celui-ci sera tenu de la rendre (1).

TITRE XXXII.

Des Défenseurs.

ARTICLE UNIQUE.

Les Défenseurs feront au greffe du Tribunal leurs soumissions de se conformer aux réglemens judiciaires, avant d'être admis à en remplir aucunes fonctions.

Voyez §. 3, 2ᵉ. partie, §79, 3ᵒ. partie. P. 13. 43.

TITRE XXXIII.

Des Aumônes et Amendes.

AUMONES INDICTES CONTRE LES AVOUÉS.

ARTICLE PREMIER.

L'Avoué sera tenu d'aumôner une somme équivalente au droit de conseil, ou consultation qui lui sera attribué par le tarif, chaque fois qu'il ne se sera pas conformé ;

---

(1) Il seroit mieux que les pouvoirs des Substituts ne fussent valables que pendant une session ; les Avoués seroient tenus de les réitérer à la rentrée, sur le registre, et les tableaux affichés seroient, d'après ce, renouvelés et distribués.

1º. Au titre 5 , art. 2, et au titre 6., art. 5 , pour le délai dans lequel la copie de la citation originaire doit être déposée au greffe.

2º. Au titre 11 , art. 4 , et concernant le délai pour faire le dépôt des pouvoirs.

3º. Au titre 12 , article 8 , pour le caractère dans lequel les copies de procédures doivent être écrites.

4º. Aux articles 6 et 8 , du même titre, pour l'obtention des ordonnances du Commissaire-instructeur, sur les pétitions.

5º. Au titre 16 , art. 1 et 15 , pour les significations des actes de procédure à faire au greffe.

II. Aumôner le double du droit attribué pour son assistance aux procès-verbaux sur apurement de comptes, faute de s'être conformé à l'article 2 du Tit. 17. P. 96.

Des amendes.

ARTICLE PREMIER.

L'Avoué contrevenant
Au titre 1er.
Au titre 13, art. 1 et 2.
Au titre 14, art. 1 et 2.
Au titre 21 , art. 2.
Et au titre 29, art. 1.

Sur la forme méthodique prescrite pour l'instruction.

encourra , pour chaque contravention , une amende qui ne sera pas moindre de 5 francs et pourra être portée à 15 fr., outre la suppression, lors de la taxe, des écrits extensionnés, s'il y en a.

II. Même amende est judicte, pour la contravention aux articles du titre 15, concernant l'instruction méthodique prescrite pour les redditions de compte.

Et à l'article 14 du titre 12, concernant la clôture de l'instruction ; outre la radiation en taxe, des procédures. P. 87

III. Il sera tenu d'une amende du double du droit de sa plaidoirie ou assistance à l'audience, s'il contrevient à l'article 2 du titre 31, faute d'être P. 117 présent, ou de se faire représenter à l'audience lorsqu'il y aura des causes, sans préjudice de la garantie envers sa partie, si c'est par son fait qu'elle n'a pas été défendue. (Titre 20, art. 6) P. 100.

Et d'une amende du décuple dudit droit de plaidoirie, s'il n'assiste pas à l'audience généra'e, conformément à l'art. 2 du titre 28. P. 112.

IV. La contravention à l'art. 14 du titre 16 P. 95. concernant l'envoi du cahier de la procédure au greffe du Tribunal d'appel, lui fera encourir une amende de 10 francs, sans préjudice des dommages-intérêts envers les parties.

V. La contravention à l'art. 10 du titre 4, qui réduit la discussion à l'audience, au seul exposé des moyens de droit, résultans du fait

aura été établi, donnera lieu à une amende de
5 francs, qui pourra être augmentée jusqu'à
20 francs.

El'e est indicte contre les Défenseurs qui seroient chargés des causes.

VI. La contravention à l'art. 3 du titre 14, P. 90.
pour propos, personnalités, ou injures contre les
parties. leurs Avoués ou leurs Défenseurs, sera
punie d'une amende de 25 francs, qui pourra
être portée à 100 francs, sans préjudice de l'action du lésé, pour obtenir réparation.

Et encore de l'exécution de là loi sur la police
des audiences, à laquelle les Défenseurs et les
Avoués seront plus spécialement soumis.

VII. Les substituts contrevenans encourront
les mêmes amendes.

V. Les Défenseurs et les Substituts qui y auront été condamnés, ne seront admis à continuer leurs fonctions, en remplacement des
Avoués, qu'après les avoir acquittées.

Des amendes contre les Greffiers.

ARTICLE PREMIER.

Le Greffier encourra une amende de 3 francs,
qui pourra être portée jusqu'à 12 francs, s'il ne
se conforme pas,

Aux articles 2 et 3 du titre 6, concernant les présentations des cités ;

A l'art. 3 du titre 8, pour l'annotation des jugemens sur le journal ;

A l'art. 1 du titre 9, faute de se faire représenter la quittance des frais préjudiciaux avant d'enregistrer la présentation du cité qui avoit fait défaut ;

A l'art. 6 du titre 11, concernant la réception des pouvoirs des Avoués ;

Aux art. 2, 6, 7, 8, et 9 du titre 16, concernant l'inscription des causes, et la formation du cahier de procédure ;

A l'art. 7 du titre 28, concernant l'émargement des causes terminées, et le transfert de celles à juger, sur le nouveau registre, etc.

II. Faute d'avoir fait l'envoi du cahier de procédure au greffe du Tribunal d'appel, suivant les art. 15 ▬▬ du titre 16, il encourra 10 fr. d'amende, sans préjudice des dommages-intérêts des parties.

III. L'omission du rappel de la présentation d'un cité dans un jugement qui seroit délivré postérieurement, au préjudice de ce qui est prescrit, art. 4 du du titre 8, donnera lieu à une amende de 5 francs, sans préjudice de la garantie des dommages-intérêts, pour raison des exécutions qui seroient faites.

Les Commissaires du Gouvernement près les

Tribunaux surveilleront le paiement de ces aumônes et amendes.

Les Greffiers seront tenus de lui donner extrait ou copie des jugemens qui les auront prononcées, dans le délai de vingt-quatre heures.

———————————

EXEMPLE D'UN LIBEL DE CITATION, ANNONCÉ PAGE 1.

Le demandeur fait citer *Pierrre.*, sur ce qu'il articule.

1°. Fait, que *Pierre* a souscrit en sa faveur le........, un billet de 1000 liv., payable le......................

2°. Fait, un autre billet de 700 liv., payable le.......

3°. Fait, le demandeur lui a fait un prêt de 300 liv., le............ vérifié par lettre missive.

4°. Il lui a vendu des effets, du prix verbalement convenu, de 900 liv.

5°. *Pierre* est légataire universel de *Firmin.*

6°. Fait, le demandeur est créancier de l'hoirie dudit *Firmin*, de la somme de 4500 liv., portée par acte obligatoire, du..... passé devant...... notaire, contenant stipulation d'intérêt, à 6 pour cent.

7°. Fait, il est encore créancier desdits intérêts, montant jusqu'à ce jour, à 415 liv.

8°. Il n'a reçu à compte du montant des effets remis, que 600 liv.

9°. Et 520 liv., à compte des billets, suivant les reçus donnés, qui contiennent l'imputation.

EXEMPLE DE PÉTITION, EN DÉFENSES, ANNONCÉES SUR LE TITRE 13, PAGE 14.

Aux Citoyens Président, etc.

Nº......... *Pierre*, défendeur, et cité le......... par exploit de....... huissier.

Contre N...... demandeur.

Dit pour sa défense.

Sur le 1er. fait, qu'il a souscrit le billet de 1000 liv., énoncé.

Sur le 2me. fait, qu'il a également souscrit le billet de 700 liv.

Sur le 3me. fait, que le prêt de 300 liv. lui a été fait.

Sur le 4me., qu'il a en son pouvoir les effets auxquels le demandeur fixe une valeur de 900 liv.

Sur le 5me. fait, qu'il est l'un des légataires universels de *Firmin*.

Sur le 6me., qu'il ne conteste point la créance articulée de 4500 liv., portée par l'acte obligatoire, daté dans la demande, et que cet acte contient stipulation d'intérêts.

Sur le 7me., le demandeur ne peut pas répéter la totalité de ces intérêts, ainsi que l'exposant s'en expliquera ci-après.

Sur le 8me., il démontrera la fausse imputation des 600 liv. payée.

Sur le 9me., l'allocation des 520 liv., sur le montant des billets, est juste. ......

FAITS CONTRAIRES, ARTICULÉS PAR L'EXPOSANT:

Il expose pour 1er. fait, contraire au 4me., que le demandeur ne lui a remis qu'à titre de confiance, et de dépôt, les meubles dont il parle, le......... époque à laquelle il quitta l'appartement qu'il occupoit à Paris, rue......... l'exposant en désavoue l'achat, au prix de 900 liv.

Pour 2me. fait, contraire au 5me., qu'il n'est légataire que pour une moitié de *Firmin*; *Juste*, ayant été institué son légataire dans l'autre moitié de ses biens ; suivant son testament, du...... passé devant.... notaire.

Ainsi le demandeur n'a action contre l'exposant, que pour la moitié du legs, sauf à agir contre *Juste*, pour le surplus.

Pour 3me. fait, contraire au 7me., que suivant un carnet, tenu par le défunt, il paroit avoir payé au demandeur, 200 liv., le..... à compte des intérêts des 4500 liv.

Pour 4me. fait, opposé au 8me., les 600 liv. allouées ont été comptées par l'exposant, sur la totalité des créances du demandeur, et cette somme doit, par conséquent, être imputée sur le montant de l'acte obligatoire, comme créance la plus dure, en ce qu'elle produit le plus fort intérêt. Il rapporte la quittance de ces 600 liv., qui ne contient point l'imputation articulée.

Faits Nouveaux, articulés par l'Exposant.

Mais l'exposant met en fait, 1°., que le demandeur doit lui faire compte de 150 liv., pour une année de loyer de l'appartement dans lequel sont déposés ses effets.

2°. Que l'exposant légataire de *Firmin*, pour une moitié, est fondé à opposer en compensation au demandeur la somme de 3300 liv., faisant partie des 6600 liv. qu'il s'est engagé solidairement avec......, et comme sa caution solidaire, à payer à *Firmin*, par acte obligatoire, du..... passé devant..... notaire.

Ainsi, en retranchant 900 liv. pour meuble (4me. fait de la demande), aux offres de les rendre.

Réduisant les 4915 liv. pour le montant de l'acte obligatoire, et intérêts (5 et 7me. faits de la demande), à la moitié de cette somme, dont l'exposant peut être seulement tenu, et déduisant encore 200 liv., payées sur les intérêts (1er. fait nouveau). Il résulte que les objets demandés se réduisent à 4357 liv. 50 centimes, savoir : moitié du capital de l'obligation 2250 liv., moitié des intérêts 107 liv. 50 centimes. Prets personnels à l'exposant, 2000 liv.

Réunissant les 1120 liv., reçues et avouées (8 et 9me faits de la demande), aux 3300 liv. (2e. fait nouveau), et 150 liv. (1er. fait nouveau), il est évident que l'exposant a des répétitions fondées contre le demandeur, pour 4570 liv.

Diminuant les 4357 liv. 50 centimes, pour les créances de ce dernier, l'exposant reste son créancier de 212 liv. 50 centimes, dont il lui forme demande en reconvention.

Il conclut, etc.

DISPOSITIONS

QUI APPARTIENNENT PLUS PARTICULIÈREMENT AU CODE CIVIL.

Répression des actions dirigées, et des défenses fournies en justice, évidemment inspirées par la mauvaise foi. V. r. 60.

LES recherches suggérées par la cupidité, au préjudice de la conviction intime de leurs auteurs qu'elles sont injustes, et que si elles sont admises, elles dépouilleront de leur propriété ceux contre lesquels ils emploient ces voies perfides;

Les désaveux de devoir, soutenus de l'offre de

les sceller du serment, désaveux que le créancier
parvient à détruire, enmettant au grand jour la
mauvaise foi du débiteur, sans qu'il puisse s'en
disculper, et qui se seroit ainsi parjuré, si son serment eût été admis;

Et tous les procédés de ce genre qui tendent à
enlever à un tiers sa propriété, et forment de
vrais délits;

Sont punis dans les Tribunaux, 1º. par
la condamnation de dommages-intérêts envers
ceux qui on vouloit en faire souffrir les atteintes;
dommages qui seront proportionnés, soit aux démarches, à la perte de temps, et aux frais dans
lesquels ils auront été constitués, et encore aux
sollicitudes que la crainte de succomber leur
aoit fait éprouver; soit aux vols qui auront été
ôtés par ces voies iniques et anti-sociales.

2º. Par une amende, et même suivant la gra-
vité, par une peine; à l'effet de quoi la connoissance de ces délits sera déférée aux Tribunaux
de la Police Correctionnelle.

Sur la stipulation de l'autorisation. P. 64.

L'engagement de la femme et du mari renfermé
dans un même acte, et celui du pupile, assisté de son
curateur, sont valables, sans qu'il soit besoin
qu'il soit exprimé que le mari autorise sa femme,
et le curateur son pupile.

Sur la stipulation de la solidarité. P. 65.

Tous engagemens, portant promesse de payer ou de faire, seront solidaires de la part de ceux qui les auront souscrits, sans qu'il soit besoin que l'acte l'exprime; en conséquence, chacun des engagés sera tenu de l'exécution de l'engagement pour le tout, sauf son recours contre ses o-engagés, si les actes ne distinguent pas clairement la partie de la somme totale pour laquelle chcun d'eux doit contribuer au paiement, ou la rtie que chacun d'eux doit faire.

F I N.

Sur les fonctions attribuées aux Juges

On objecte qu'ils seroient trop surchargés.

Ils le seroient, au contraire, moins.

Que l'on parcoure un plumitif d'audiences qui contienne, on suppose, cent Jugemens rendus en 15 ou 20 jours.

Le fait de 75 causes y est expliqué en peu de lignes, quelques minutes auroient suffit pour le rapporter.

Celui des 25 causes restantes auroit été développé en un quart d'heure pour chacune, à 10 ou 12 près.

Si un Juge eut rendu compte du fait, et qu'elles eussent toutes été soumises à la plaidoirie, elles auroient été expédiées en moitié moins de tems; mais les Jugemens d'une partie, dans les quelles il n'y a eu lieu à prononcer que des Interlocutoires, ou des condamnations incontestables, auroient été convenus par les avoués de l'avis du commissaire, ce qui auroit encore beaucoup diminué la séance.

Les Juges qui auroient connus dès le principe les conclusions respectives, et le fait dans son exactitude, se seroient formé une opinion plus prompte, car dans l'ordre actuel le fait et les conclusions respectives ne sont quelques fois connus qu'après plusieurs audiences, comme dans les causes où les défenseurs ne sont pas entendus dans un même jour, et que la cause est remise, ce qui retarde l'expédition des affaires.

Ainsi les séances seront réduites de plus de moitié.

Mais avec nos nouvelles Loix sur l'ordre.

Judiciaire il est de nécessité que les Juges vérifient la
procédure pour rédiger les Jugemens.

Ils doivent contenir, 1.° les qualités, 2.° le fait, 3.° les conclus[ions]
des parties, 4.° les questions que présente l'affaire, 5.° les motif[s]
décision, 6.° et enfin le Dispositif.

Le Président ne sauroit suffire à surveiller ces réda[ctions]
compliquées si le Tribunal est chargé de beaucoup de causes

Il faut donc que ce Travail soit partagé entre les Jug[es]
On en laisse le soin aux greffiers et aux avoués.

Mais sont-ils en état de bien remplir ce Ministère ?

Les conclusions ont pu être prises par écrit et a[voir]
été rectifiées sur le Barreau. les Juges qui ont statué
ces conclusions peuvent seuls les rapporter avec exactitude

C'est sur le fait, tel qu'ils l'ont saisi, qu'ils ont é[tabli]
les questions, et formé les motifs de décision ; Eux seu[ls]
peuvent les exprimer.

Il leur appartient nécessairement de rédiger le
Jugement dans les termes qui donnent la forme ou présen[tent]
les modifications qui sont analogues à leurs opinions

En un mot le Jugement est leur ouvrage. Eux
peuvent s'acquitter de sa rédaction au désir de la loi, e[t]
présenter tel qu'elle le prescrit, en sorte qu'à la seule le[cture]
de toutes ses parties, on puisse connoitre l'ensemble de la
et apercevoir le bien ou le mal Jugé, sans qu'il soi[t]
volontiers, nécessaire de recourir à la procédure.

Dès qu'il est indispensable qu'ils en prennent
connoissance pour rédiger le Jugement pourquoi
prendroient ils pas ce soin par anticipation, comm[e]
commissaires Instructeurs ? la rédaction seroit plus
prompte plus sure.

Ne seroient ils pas tenus de cette rédaction, s[i]

elle abandonnée aux greffiers et aux avoués ?

En ce cas, il ne faut pas se le dissimuler, les Jugemens n'offriront bientot que le simulacre des causes, ils seront remplis d'irrégularités et d'omissions, le but de la Loi sera manqué.

Il seroit préférable de la rapporter pour ne pas propager l'assertion usitée chez l'étranger, qu'en France sont de bonnes loix; mais qu'elles sont rarement exécutées.

NUMÉROS D'ORDRE.	NOMS des Commissaires Instructeurs.	ÉCHÉANCE des CITATIONS.	NOMS, PRÉNOMS, ÉTAT, ET DOMICILES DES CITANS ET DES CITÉS.	NOMS des AVOUÉS.	DÉFAUTS DÉLIVRÉS.	DATES des JUGEMENS.
N°. 1.	Le Cen. Viellard.	An 10. 10 Germinal.	Entre Paul Firmin, Propriétaire, demeurant à Paris, rue de la Loi, n°. 500 . . . . Citant.	Arvey.	. . . .	Jugement d'expertise, le 15 Germinal.
			Contre Edme Laplace, Entrepreneur, demeurant rue Hautefeuille, n°. 10 . . . . . . Cité.	Gallois.	. . . .	Jugement définitif, le 20. *Idem.*
N°. 2.	Le Cen. Verneuil.	*Idem.*	Entre Simon Joli, Breveté d'Invention, demeurant rue de Tournon, n°. 1115 . . . Citant.	Pierre Pont.	. . . .	Jugement sur défaut, le 14. *Idem.*
			Contre Joseph Landry, Fabriquant de lampes, rue de la Harpe, n°. 8 . . . . . Cité.	Hardouin.	. . . .	Jugement définitif, le 25. *Idem.*
			Entre Pierre Omard, *Idem.*, demeurant rue de Thionville, n°. 120, ... aussi Cité.	. . . . . .	Défaut délivré le 12.	
N°. 3.	Le Cen. Hermann.	*Idem.*	Entre François Regnier, Rentier, demeurant à Paris, rue Neuve des Mathurins, . . Citant.	Vaudery.	. . . .	Jugement sur défaut, le 15. *Idem.*
			Contre Jean de Lapoix, Propriétaire, rue du Maille, Et Janne Austrude, son épouse, ... } Cités.	Simon.	. . . .	Jugement interlocutoire, le 26. *Id.*
			Contre Honoré Andray, (Marchand, Quai de la Ferraille, ... Et Claudine Austrude, son épouse, . . } Cités.	Desroches.	. . . .	Jugement définitif, le 30. *Idem.*
			Contre Amable Gallut, Propriétaire, à Pont - sur - Yonne, ... Et Suzanne Austrude sa femme, . . . } Cités.	Jussiau, sur opposition, le 17 Germ.	Défaut délivré le 13. *Id.*	
			Lesdites Demoiselles Austrude, Héritières de Prosper Austrude leur père.			

TABLE

DE LA DISSERTATION.

PARTIES DÉTACHÉES.

TABLE

DES ARTICLES PROPOSÉS POUR LA RÉFORMATION, RÉDIGÉS EN FORME DE LOI.

F I N   D E   L A   T A B L E.